JN025339

東大生が書いた

英語試験の攻略本

TOEIC®
TOEFL®

攻略本

英検®を最短で突破する勉強法

東大カルペ・ディエム

監修 西岡壱誠

大和書房

はじめに

　いきなりで恐縮ですが、**本書の目的は、英語を話せるようになることではありません。**

　もし、本書から「英語を話すためのヒントを得たい」と考えている人がいらっしゃいましたら、本を閉じることをおすすめします。

　「え!?　どういうこと!?」と驚いた方もいるかと思いますので、詳しく説明させてください。

　この本を手に取られた方は、英語試験の受験を考えている人がほとんどでしょう。

　英検、TOEIC、TOEFL、そして大学入試……。日本にはさまざまな英語の試験があり、そのどれもがとても難しいものになっています。

　本書は、**「試験としての英語」の攻略本**です。

　「コミュニケーションとしての英語」の習得については、英会話講師の方やネイティブスピーカー、専門に研究されている先生などがいらっしゃいますから、本書では触れません。

　あくまで我々は東大生の集団であり、外国語習得や言語学のプロ集団ではありません。

でも、そんな東大生として一つプライドを持っていること、「自分たちはこのプロである」という自負を持っているものがあります。

　それは、「試験攻略のプロである」ということです。

　それがどんな試験であれ、出題された問題に対して一定以上の点数を取ること、または合格を狙うものであれば、我々はプロです。

　事実、本書の執筆陣の中には、英語が全くできないところから英検準1級を獲得した人や、たった3ヶ月の勉強でTOEFL iBT約90点を獲得した人がいます。高校3年生の英語の点数がたった3点だったところから、2浪して東大英語で偏差値70を取った学生もいます。

　しかし、そんなメンバーの多くは、「今は英語を使えるけれど、英語が話せるようになったのは資格試験に合格したあとからだった」と述べています。英語の資格試験は英語の習得に最適なテストではあるのですが、それと話せるようになるのとでは乖離があります。

　逆に言えば、**試験の勉強は効率的に最短距離で勉強して、英語を話せるようになるのはその後からでもいい**のです。また、進学や就職・転職活動、仕事の都合などで「とりあ

えず試験を突破する必要がある」という方もいるでしょう。

　本書は「試験テクニックを熟知した東大生たち」や「英語試験を最短距離で攻略した東大生たち」が作った本です。ですので繰り返しになりますが、この本は英語の攻略本ではありません。英語試験の攻略本です。

　みなさんが、短時間で効率的に点数を取りたいと思っていらっしゃるなら、この本以上に役に立つものはないと思います。それでは、スタートです！

本書で紹介している試験情報は、すべて2023年10月現在のものです。最新の情報は、各試験の公式サイトにてご確認ください。

第 1 章

すべての試験勉強は「過去問」から始まる

第2章 ────

問題形式別
「得点アップ」のコツ

第 3 章

正解をもぎ取る
英語試験の「裏ワザ」

第4章

TOEIC®・TOEFL®・英検® 三大英語試験の対策

本書の執筆陣紹介

筆頭著者

西岡壱誠（にしおか・いっせい）

現役東大生。1996年生まれ。偏差値35から東大を目指すも、現役・一浪と、2年連続で不合格。特に英語は高校3年生時点では全国模試3/100で偏差値は26.9だった。

崖っぷちの状況で開発した勉強法で特に苦手な英語を強化し、偏差値70、東大模試で全国4位になり、早稲田大学国際教養学部と東京大学文科2類に合格を果たす。

そのノウハウを全国の学生や学校の教師たちに伝えるため、在学中の2020年に株式会社カルペ・ディエム（https://carpe-di-em.jp/）を設立、代表に就任。全国25の学校でワークショップを実施、高校生に思考法・勉強法を教えているほか、教師には指導法のコンサルティングを行っている。TOEFL iBT89点。英検準1級。

チャクラ・ティナ

東京大学法学部卒。東京大学公共政策大学院1年生。東京大学では法学を専攻。人権問題や環境問題に関心があり、学部卒業後は公共政策大学院に進学。高校時代から遅くとも22時半には就寝する極度の朝型。趣味はランニング・映画鑑賞・サッカー観戦など。TOEIC955点、TOEFL iBT107点。

青戸一之（あおと・かずゆき）

東京大学文学部英文科卒。1983年生まれ、鳥取県出身。地元の進学校の高校を卒業後、フリーター生活を経て25歳で塾講師に転身。26歳から塾の教室長としてマネジメント業を行う傍ら、学習指導にも並行して携わる。29歳の時に入塾してきた東大志望の子を不合格にしてしまったことで、自身の学力不足と、大学受験の経験が欠如していることによる影響を痛感する。どんな志望校の生徒でも指導できるように、まずは自

分が最難関である東大に受かるだけの力をつけようと思い、30歳で東大
受験を決意。塾講師の仕事をしながら1日3時間の勉強で33歳で合格。在
学中も学習指導の仕事に携わり、現在は卒業してキャリア15年目のプロ
家庭教師、塾講師。東大在学時の所属は文学部英文科。TOEIC855点。

Maple

東京大学薬学部2年生。関西出身で、東京大学で薬学や心理学を中心に
勉強している。独自の勉強法で、高校生の時に英検1級を取得する。高
校時代に発達障害の方とその支援者を中心にさまざまな人と関わってき
た経験があり、人と話し、その人生を知るのが好き。ボカロとお笑いが
大好き。

★　　★　　★　　★

チームメンバー

布施川天馬 (ふせがわ・てんま)

東京大学文学部4年生。1997年生まれ。世帯年収300万円台の家庭に生
まれ、幼少期から貧しい生活を余儀なくされる。金銭的、地理的な事情
から、無理なく進学可能な大学である東大進学を志すようになる。高校
3年生まで吹奏楽部の活動や生徒会長としての活動をこなすが、自主学
習の習慣をほぼつけないままに受験生となってしまう。予備校に通うだ
けの金銭的余裕がなかったため、オリジナルの「お金も時間も節約する
勉強法」を編み出し、一浪の末、東大合格を果たす。現在は、自身の勉
強法を全国に広めるための「リアルドラゴン桜プロジェクト」を推進。
また、全国の子供たちを対象に無料で勉強を教える YouTube チャンネ
ル「スマホ学園」にて授業を行う。
著書に『東大式時間術』、『東大式節約勉強法　世帯年収300万円台で東
大に合格できた理由』(ともに扶桑社)、『人生を切りひらく　最高の自
宅勉強法』(主婦と生活社)がある。

黒田将臣 (くろだ・まさおみ)

東京大学経済学部4年生。東大合格者0人の高校で、高校入学当初は下

から数えたほうが早い順位だったが、東大受験に合格するためのテクニックをハックし、2浪して東大に合格した。いまだに努力神話の建前が根強い一方で、進学校や予備校などの高額な教育産業が受験ノウハウを独占している受験の世界を変えるため、東大生集団「カルペ・ディエム」に所属して、自分で受験のゴールを設定し、自力で東大合格できる受験生を1人でも増やすために活動している。著書に『ビジネスとしての東大受験 億を稼ぐ悪の受験ハック』（星海社新書）、『東大入試徹底解明 ドラゴン現代文』（文英堂）がある。

相生昌悟（あいおい・しょうご）

東京大学法学部卒。2000年生まれ。地方公立高校出身の東大生。高校入学当初から勉学に励み続けるも、思うような結果に結びつかず、努力の仕方を考え始める。最終的に、努力を必ず目標達成に導く「目標達成思考」を確立し、高校3年時に東大模試で全国1位を獲得。その後、東京大学に現役合格。現在は自身の経験を全国の教師や学生に伝えるべく、「リアルドラゴン桜プロジェクト」で高校生にコーチングを行っている。著書に『東大式 目標達成思考「努力がすべて」という思い込みを捨て、「目標必達」をかなえる手帳術』（日本能率協会マネジメントセンター）がある。

永田耕作（ながた・こうさく）

東京大学教育学部4年生。公立高校から学習塾に入らず、現役で東京大学理科一類に合格。東京大学の進学振り分けシステムにおいて文系へと転向し、現在は東京大学教育学部に所属。同時に東大生集団「カルペ・ディエム」に所属し、現在はさまざまな学校の高校生に「勉強との向き合い方」や「努力の大切さ」を伝える講演活動を実施している。自分自身のこれまでの経験や、大学で学んでいる教育論を整理しつつ、中学生高校生とも触れ合いながら自分自身の考えを洗練させている。著書に『東大生の考え型「まとまらない考え」に道筋が見える』（日本能率協会マネジメントセンター）がある。

★ ★ ★ ★ ★ ★ ★ ★ ★ ★ ★

第 1 章

すべての試験勉強は 「過去問」から始まる

Chapter1

★ ★ ★ ★ ★ ★ ★ ★ ★ ★ ★

英語試験を突破したいなら、まず「過去問」を解け!

　最初に、みなさんにお伝えしたいことがあります。

　それは、どんな人であっても、何があっても、英語の試験を突破したいのであれば、**まず自分が受ける試験の過去問を解いてもらいたい**ということです。

　みなさんが効率的に英語試験を突破したいのなら、まずやるべきことは、参考書を買うことでも、英単語を覚えることでも、計画を練ることでもありません。

とにかく、過去問を解くことです。

　これ以外にありません。

　「え!　最初から過去問を解くことなんてできないよ!」と思う人もいるかもしれません。

　実際、いきなり過去問を解いて、初回からとてもいい点が取れる人はほとんどいないでしょう。

　でも、それでもいいのです。

　とにかく、どんな勉強を始めるよりも先に、過去問を解く必要があるのです。

　そして、それこそが英語の試験を最速で攻略する最も重要なことなのです。

泳ぎ方を知らずに
海に入ってはいけない

多くの人は「何かを習得したい」と思ったとき、まずはそのための方法を身につけていくと思います。

水泳を例に挙げましょう。泳げるようになりたいと思ったら、まずは泳ぎ方を調べますよね。

「こういう泳ぎ方があるのか！」

「こんな風に手と足を動かせば泳げるようになるんだな」

と、方法を理解することから始めるでしょう。

しかし、みなさんはそれで本当に泳げるようになるでしょうか？

おそらくですが、ロジックとして「どう泳げばいいか」を理解しても、本当に泳げるようにはなりませんよね。

陸の上で泳ぎの練習をしているうちは、泳げるようにはならないのです。

泳げるようになりたいなら、まず水の中に飛び込んで、溺れそうになりながらも、犬かきでいいから前に進んでいく方が、泳ぎをマスターするスピードは速くなります。

こうして一度水に入っておけば、泳ぎ方や身体の動かし方の説明を受けても「あ、あのときはこうすればよかったのか」とより話がわかりやすくなると思います。

　「最終的にどういう状態になりたいか」というゴールがわかっているから、普段の練習の質も高くなるのです。

　人前で話せるようになるためには、コミュニケーションの本を読むよりも、人前で話をする経験を積み重ねたほうが上達のスピードは上がりますし、スポーツだって練習だけするのではなく、実際に試合をしてみることから得られることも多いはずです。

　これと同じことが、英語の試験でもいえます。

　英語の試験で点を取りたいなら、まずは英語の試験問題を解いてみるのが一番なのです。もちろん解けない問題のほうが多いと思います。泳ぎ方を知らない状態で水に入るようなものなので、溺れそうになるかもしれません。

　それでいいのです。

　その経験こそが、今後のみなさんの大きな資産になっていくのです。

「やってる感」を得るための無駄な勉強はするな

　逆に、目標とする試験の過去問を解かずに英語の勉強を始めたとします。

　そうすると、「どんな問題が出題されるのか」を知らない状態で勉強を進めることになりますよね。

　それは、ただ「**やってる感**」を得るためだけの、**的外れな勉強**になりがちです。

　例えば、英単語の勉強を考えてみましょう。おそらく多くの人は語彙力を高めようと思ったら、「ひたすら英単語を暗記する」というシンプルな方法を選択すると思います。

　ですが、これだけでも、試験の内容、つまり**過去問でどんな問題が出ているかによって、勉強の仕方が大きく変わってくる**のです。

無駄を排除するために過去問の分析が必要

　みなさんは、英単語の勉強をする際、スペルを一緒に覚えますか？　一緒に覚えるのが当たり前だと思っている人もいるかもしれませんが、試験によってはスペルを覚える必要がないことだってあります。

つまり一生懸命スペルを覚えたところで、あまり意味がないということだってありうるわけです。

　類義語や対義語は覚えますか？　覚えないという人もいるかもしれませんが、試験によっては「この単語と同じ意味の言葉を答えなさい」という問題が出題される場合もあります。

　もっと言えば、品詞を覚えて勉強していますか？　この単語は名詞なのか、動詞なのか、形容詞なのか、動詞と名詞の2つがあるなら、動詞の場合はどんな意味で名詞の場合はどんな意味なのか。そういったことを覚えていますか？

　おそらく覚えていないですよね。

　大概の場合はそれでいいのですが、試験によってはこの部分を問われることもあります。

　「これは動詞なのか名詞なのか答えなさい」とか「これは名詞ですが、この名詞の動詞形を答えなさい」という問題が出題されることもあるのです。

英語の試験の難しいところは、問題の種類が非常に多様だということです。

　他の科目の試験・他の資格試験の勉強に比べて、圧倒的に問題形式が多く、「この勉強をしておけばOK」というものが極度に少ないのが英語の試験です。そこが、英語試験対策をする上で、最も難しいところだと言ってもいいでしょう。

　だって、英単語の問題一つ取っても、こんなに勉強の力点を置くべきポイントが違うんですから。

　だからこそ、過去問でしっかりと「何が出るか」を分析していないと、意味のない勉強になってしまうことがあるわけですね。何を勉強しなければならないかを理解するために、とりあえず一度、過去問を解き、分析するということが必要なのです。

過去問＝一番効果的で
有効な試験対策の教材!

　さて、「過去問」について、みなさんはどんなイメージを持っているでしょうか?

　過去に出題された、対策するべき問題集でしょうか?

　それとも、もう出題されることはない、あまり確認しなくてもいいものでしょうか?

　過去問に対して持つイメージというのはさまざまだと思いますが、東大生が考えるイメージというのは決まっています。

「他の何よりも効果的な試験対策の教材」

　それが過去問です。

　試験対策として一番有効なのは、単語を暗記することでも、問題集を解くことでもありません。

　「過去問を解くこと」なのです。

　「過去問は、すでに出題された問題だから、もう出ないわけじゃん。それって解く意味なんてないんじゃない?」

　このように考える人もいるでしょうが、**それは完全に間**

違いです。

　たしかに、全く同じ問題が出題されるパターンは少ないでしょう。

　しかし、それ以外のことは全部、同じなのです。

　問題の形式、出題範囲、傾向やレベル……すべてが参考になります。

　問題の中身は変わっても、形式やレベルや対策方法は大きく変動することはほとんどないのです。

　そして、言ってしまえば「それが解ければもう合格」なのです。自分が受けない試験でどんなに点数が酷かったとしても、自分が受ける試験の過去問でいい点が取れていれば、あなたの目標は達成できるわけです。

──小学生が英検に合格できるワケ

　ちょっと話が脱線しますが、最近、小学生が英検に合格することがよくあります。

　「小学4年生が英検準1級を取った」なんてニュースがよく流れています。みなさんも見聞きしたことがあるのではないでしょうか？　我々もそのような天才児に取材に行く

ことがよくあるのですが、実際に会ってみるととても驚かされます。

「どんな天才児なんだろう」「きっと英語がペラペラなんだろうな」と思って会いに行くと、拍子抜けするほど普通の子なのです。

ネイティブと英会話することもできないし、他の英語の試験だったら点数は全然取れない。

しかし、英検の過去問の対策だけを繰り返し実践しているので、「こう聞かれたらこう答える」というのが明確に見えていて、それを暗記している。

だからこそ英検だけは高い点数を取ることができるのです。

小学生でも英検に合格できるというのは、そういう理屈なのです。

「過去問対策」を徹底しているからこそ、その試験でだけは点が取れる子が多いのです。

それほどまでに、過去問対策というのは効果を発揮するものであり、過去問の対策をすることが試験合格の最短距離だと言って差し支えないのです。

過去問を解くときは 「ログ」を残せ

　ここまで読んでいただいたみなさんには「先に過去問を解くことの意味」をご理解いただけたかと思います。

　だからと言って、「がむしゃらに過去問を解けばいい」というわけではありません。

　過去問にも、いろいろな解き方があります。

　英語試験の問題を解くときには、「2つのこと」を実践しながら解く必要があります。

ログをとって 「現実」と「理想」を明確化せよ

　ではここから、重要な2つの観点をお伝えしたいと思います。

　まずは、**「自分のログを残す解き方」**です。

　ログとは記録のこと。つまり過去問を解くときに「それぞれの問題について、解くのにどれくらい時間がかかったのか」を明確にしておくのです。

　それも、大雑把ではいけません。

　大問ごとに細かく、自分が解くのにかかった時間を書き残しましょう。

　そして解いた後は、大問ごとに点数を調べましょう。

採点すれば、先ほどの「かかった時間」と合わせて、すべての問題で「自分が解くのにかかった時間と、その問題の点数」がわかるようになるわけですね。

　こうして自分の過去問ログを残しておくことはとても重要です。

　なぜならそのログは、**後から戦略を立てる際にとても価値がある情報になるから**です。

　あとで詳しくご説明しますが、過去問を解いた上で「本番で、どれくらいの時間でどれくらいの点数を取りたいのか」計画を立てる必要があります。

　実際の現状分析を行った上で、理想状態を明確にするわけです。

　現状と理想。この２つを明確にすると、そのギャップが浮き彫りになります。

　例えば「リスニングで10点取らなきゃいけないのに、5点しか取れていないのか」「あと5点はどうやって伸ばそうかな」といった具合に、何が足りていないのかが見えてくるわけですね。

　そうすることで、次の勉強の指針が見えてくるわけです。

この「ギャップを埋める勉強」の内容を考えれば、それが次にやるべきことだとわかります。

ギャップを捉えて、そのために勉強していく。

これはとても重要なことです。

ガムシャラに勉強してもなんの結果も出ませんから、しっかりと、「今の自分」にはどの勉強が足りていないのかを把握する必要があります。

もっと言うなら**「何が足りていないのか」だけではなく、「どれくらい足りていないのか」も大切**です。

どんな英語試験を受けるにしても「100点満点」が欲しい人はほとんどいないでしょう。

必要なのは「満点」ではなく「あなたが必要とする点数」です。

大学受験や英検であれば、合格ラインの点数。TOEICやTOEFLであれば、あなたの目標のために必要なスコアです。

その目標点数に到達するための努力をすればいいわけで、「100点を取る努力」をする必要はありません。

「目標のために足りない点数を取る努力」をすればいいわけです。

その方が努力量を減らすことができます。

「何が」と、「どれくらい」。

ログを確認して、この2つを知る必要があるのです。

そこで考えなければならないのは、**「時間」**と**「点数」**です。

両者共に、どれくらい現実と理想の間に「差」があるのかを考える必要があります。

暴論だと怒られるかもしれませんが、

結局、試験勉強などというものは「不合格と合格のギャップを埋めていく作業」です。

そしてそのギャップが0になれば合格、0にできなければ不合格なのです。

ですから、その差を埋める勉強を構築すれば、誰だってうまくいくのです。

だから、ギャップをきちんと理解できれば合格がグッと近づくわけです。

──かかった時間を「見える化」する

2つ目は、「時間」を意識することです。

　試験時間は、「理想状態」と「現実の状態」とでは大きなギャップがあります。

　特に英語の試験は、「問題は難しくないんだけど、試験時間内に終わらせるのが極度に難しい」という場合もよくあります。

　英語試験において、試験時間が点数以上に重要なポイントになる場合があるわけです。

　ですから、時間内に終わらせるために、問題を解く理想の時間と現状のギャップを意識する必要があるのです。

　陸上選手にでもなった気分で、1分1秒を争っていく必要があるわけですね。

　そのため「あと何分足りなくて、あと何分早く解かなければならないのか」といったことを理解するためにログをとることが重要なのです。

　最初の1回は、とりあえず与えられた試験時間内に解いてみましょう。

　でも、最初の挑戦で試験時間内に解き終わることは稀です。

　「もう時間切れ!?」「あと2個も大問が残っている！」という風になると思います。

そういうときは、残っている問題だけを時間を測って解いてみるようにしましょう。

　そうやって**何分オーバーしたのかも明確にしておく**のです。

　10分オーバーであれば、それをどこかに書きとめておいてください。

　逆に、そうしなければ、いつまで経っても本番で点数が取れるようにはなりません。

　たまに、「過去問では合格点だったのに、本番だと点が取れない」という人がいますが、それは時間の考え方がシビアでないから起こっている問題であることが多いです。

　試験時間が1時間なのに過去問を解く際に1時間5分かかってしまう。

　にもかかわらず「5分くらい本番だったら大丈夫だろう」と楽観的に考えてしまっている場合ですね。

　試験時間に憂いがなく、のびのび問題が解ける場合と、「あと残り10分だ。どうしよう、この問題終わるかな？」と悩みながら問題を解いている場合とでは、緊張感が全く違います。

　本番と同じ緊張を得るためには、時間にシビアになり、「1秒でも遅れたらアウト」と思って過去問を解かなければならないのです。

　それどころか、本番では答案用紙に名前を書いたりする時間もありますから、もしかしたら試験時間以上の時間がかかるかもしれません。

過去問は、徹底的に
「分析」しながら解け!

　次に大事なのは「分析しながら解くこと」です。

　みなさんは、過去問をどのように分析していますか?

　おそらくですが、終わったあとで採点をして「ああ、この問題は解けたんだな」「この問題は解けなかったんだな」という2択で考えていくだけだと思います。

　たぶん、「解けた問題」と「解けなかった問題」という分析を加えて、それで終わりにしてしまっていることでしょう。

　しかし、英語の試験で点を取りたいと思ったら、それではいけません。もう1段階深く、「4択」で考え、分析をしていく必要があります。

　次ページの図をご覧ください。

　これは、「問題の難易度」と「正解・不正解」の2つの軸で整理して、問題を4分割するマトリクスになります。

1. 簡単で正解した問題は、解けて当然の問題。

2. 難しかったけれど正解できた問題は、解けて嬉しい問題。

3. 簡単なのに不正解だった問題は、取りこぼしてしまった惜しかった問題。

4. 難しくて不正解だった問題は、もしかしたら捨ててもいい問題。

問題分析マトリクス

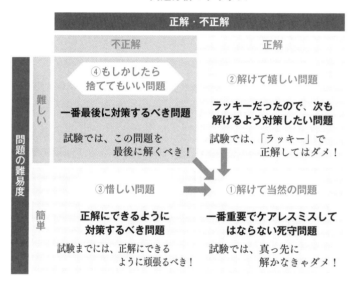

この４分割で考えていく必要があるのです。

さて、このように分類した場合、４つのうち、どれが最初に対策するべき問題だと考えますか？

多くの人は、③を選ぶことが多いと思います。惜しい問題を対策しよう、と。

でも実は、英語試験の対策において最初に対策するべき

なのは、②なのです。

　「解けてラッキー」だった問題ということは、次は間違える可能性があるということ。

　ラッキーで解けた問題は、ラッキーではなく実力で解けるようにしなければなりません。

　多くの人は、「できた問題」は対策しないと思います。それはある意味正しい。できた問題集をもう1回解き直さないように、できない問題だけを対策していくのは当然のことだと言えます。

　しかし、英語試験の問題ともなると、そうはいきません。解けたからといって油断できないこともあるのです。

　例えば、解けたのがラッキーであった場合や、解けたけれど、もっと速いスピードで解く必要があった問題など、そういうケースもあるからです。

──解いた問題を4つに分類せよ

　ということで、上記の4つの分類は、今後の試験対策においてとても重要になっていきます。

　なので、過去問を解くときにもしっかりと、この4つのうちどれなのかを明確にできるような解き方をしていきましょう。

　問題を解いていく途中で、もし「あ、これ難しいな」と思ったら、きちんとマークをしておく必要があります。

　そうすれば、あとから正解だったときに、①と②とを切り分けることができます。

　逆に、マークをしていないと、「ラッキーで点が取れたのか、それとも本当に自分の実力なのか」がわからなくなってしまいます。

　英語の試験では、選択式の問題は多くあります。4択で、当てずっぽうで当たってしまった問題というのもあるでしょう。

　そういうものと、本当に自分の実力で解けたものとを分ける必要があるのです。

　「過去問を解くことで、できないところがわかるようになる」というのは重要なことです。

　しかし、実はそれ以上に、「**過去問を解いて、なんとなくできていたところが、きっちり点を落とさずできるようになる**」ということも重要です。

特に英語の試験の場合、「強いところをもっと強くする」という勉強も必要になるタイミングがあります。だからこそ、分析というのはとても重要になってくるわけですね。

　さて、過去問を解いた後は、これをもとにした戦略作りにいきましょう。

過去問から、
「合格戦略」を立案せよ!

　過去問を活用して、合格戦略を立てていく。

　これはここからの勉強の指針になる重要なことですので、よく読んでくださいね。

　というのも、多くの不合格になってしまう人・不本意な結果に終わってしまう人は、これがしっかりとできていない場合が多いのです。

　「英語の試験で高得点を取りたい、合格したい」と思ったとき、参考書を広げて類似の問題を解いたりして、どうにかこうにか、試験本番で1点でも点数を高くできるように努力することと思います。

　しかし、勉強以外にも、やっておかなければならないことがあります。

　それが**戦略立案**です。

　東大生は、試験勉強よりも、戦略を立てることに時間をかけている人の方が多いくらいです。

　「えっ？　そんなことやるよりも、単語を一つでも多く覚えた方が良くない？」と思う人もいるかもしれませんが、それは大きな間違い。

　試験が近づいてくると、勉強の中身の方が重要なんじゃ

ないかと思ってしまうのですが、それは焦りすぎというものです。

「急いては事を仕損じる」とはよく言ったもので、試験直前になっても余裕を持って戦略を立てられた人こそが、試験でいい結果を得られるのです。

東大も、きちんと戦略を立てた人こそが合格する大学です。

後から説明しますが、多くの東大生は、自分がどう立ち回って合格するのかを、細部まで考え抜いています。

これができているからこそ、東大に合格しているんだなと実感させられます。

ちなみに、これは受験に限った話ではありません。サッカーや野球などのスポーツでも、ただ「速い球を投げられる選手がいる」とか「キック力が強い」とか、そういったスポーツの技術が優れていれば勝てるわけではありませんよね？

相手チームのどの選手が優れているのかを調べたり、どういう傾向があるのかを研究したり、といった「どう戦うか」の戦略が勝敗を分けるのです。

　それと同じで、テスト勉強をすることももちろん重要ですが、同じくらい「どう戦うか」を考えることも重要だということです。

──合格戦略とは何か

　さて、それでは具体的にお話ししていきましょう。

　試験における「戦略」とはなんなのか。

　それは、「**どうやって合格点を取るか**」ということに他なりません。

　例えば、英検2級の一次試験の満点は1950点です。このうち、1520点を取れば、合格となります。

　では、この1520点を、どうやって取るのかを考える必要がありますよね。これが戦略です。

　「ライティングの問題で満点を取ろう！」とか「リーディングの問題は苦手だから半分くらい点数が取れたらいいな」といった具合に、点数を計算して、「どの問題で何点取れば合格点に達するのか」を考えておくわけです。

　これは、非常に重要な行為です。

　戦略を立てて、どの問題で得点すれば合格になるかをき

ちんと把握しておくことで、自分がどこで得点しなければならないのか、また逆にどこで点を落としてもいいのか、そういうことがわかった上で戦うことができます。

　試験において、これほど心強いものはありません。

　さらに、この戦略に応じて、勉強の内容を変えていくことができます。

　例えば、英検2級の1次試験ではライティングの点数が16点満点になります。そしてこれが、650点に換算されます。たとえば15点だったら610点に、14点だったら570点に、といった具合で点数が650点満点に換算されるのです。

　これに対して、リスニングは30点満点で、これが650点に換算されます。29点だったら630点に、28点だったら610点に、という感じで計算されていくわけですね。

　これにリーディングの650点分を足して、1950点満点で1520点を取れば合格となるわけです。

　リスニングに比べて、ライティングの方が、点数の比重が大きいのが分かるでしょう。

　ミスしたら一気に点数が減ってしまうわけです。

　リスニングで1問間違っても20点しか減らないのに、ラ

イティングで一つミスをすると40点も減ってしまうわけです。

　ではこのとき、みなさんだったらどんな対策をしていきますか？　おそらくは、「じゃあライティングで点数を落とさないような勉強をしなきゃ」と思いますよね。

　「リスニングに時間を割くよりも、ライティングに時間を割いた方がいいかもしれない」と考えるでしょう。

　ちなみにこの考え方は合っています。

　後から、ライティングの勉強の仕方や、英検の対策の方法についてお話ししますが、英検を始めとする多くの試験において、**ライティングを重視して勉強することは試験の合格率を上げてくれます。**

　他の分野に比べて攻略難易度が低く、逆に点数の比重が大きいため、ミスをせずに点数を取れるようになると大きな武器になるからです。

　逆に、ライティングに時間をかけないで勉強していると、全体の勉強時間は同じだったとしても合格率は一気に下がってしまいます。

　「何を勉強すれば、より合格に近づくのか」

これをしっかりと理解しておかないと、真面目に勉強したとしても合格できません。

勝負は、勉強を始める前から始まっています。

　だからこそ、戦略が必要なのです。

　もちろん、戦略通りにいくとは限りません。試験によっては傾向変化もあります。

　「うわっ、形式が変わってる！」とか「この問題は得意なのに、今回は難しくて解けない！」なんて具合に、本番で戦略がうまく機能しない場合もあります。

　ですが、そういう本番でのイレギュラーまである程度考慮して戦略を立てられれば、その人は受験に強い人であり、本番に強い人だと言えます。

　「ここで得点できない場合は、こっちで点を取ろう」、といった風に戦略を立てられていれば、ほとんどの試験で負けなしになるのです。

　合格戦略、しっかり理解していただけましたか？　では具体的にやってみましょう！

戦略立案 **STEP 1**
攻めと守りを決めよう!

　合格戦略において重要なのは「攻める問題」と「守る問題」を先に決めておくことなのです。

　多くの場合、試験では「この問題で○点取らなければならない」とか「この問題は絶対に○点分は死守しなければならない」といったことは考えないで解くと思います。

　しかし、それでは「**ひとつひとつの問題の重要度**」がわからなくなってしまうのです。

　「ここで得点できなくても合格できる」とか、「この問題は絶対に落としちゃダメな問題だ」とか、そういう意識ができていないわけですから、時間をかけない方がいい問題に時間をかけてしまったり、逆に落としてはいけない問題に時間をかけなかったり、そういうミスをしてしまいがちなのです。

守り＝自分が得点しなければならない、何があっても守らなければならない問題のこと

攻め＝自分が得点しなくてもいいくらい難しくて、一番最後に解こうと思っている問題のこと

　「どこで点を死守するか」「どこで得点を稼ぐか」の２つ

を試験前に考えておくことはとても重要なのです。

──試験における「守り」と「攻め」

　守りと攻めについて、もっと詳しくみていきましょう。まず守りは、どんなに問題が難しくなっていても、傾向が変化していたとしても、「ここだけは点を取る！」という「点を死守する問題」です。

　これが多ければ多いほど合格が近づきますし、少なければ少ないほど不合格になりやすいです。

　逆に攻めの問題は、「自分には難しい」と思ってしまう問題を選ぶべきです。

　難しい、と言ってもいろんな難しさがあります。

　例えば難易度としての難しさはもちろんあるのですが、時間内に解くのが難しい問題というのもあります。

　「解こうと思ったら解けなくはないんだけど、時間かかっちゃうんだよなぁ」という問題もたまにあります。

　長くて全部読みきれない長文の問題など、いろいろな試験で頻出ですね。

　そういう問題に関しては「解けないもの」「解く優先順

位が低いもの」と捉えてしまってもいいのではないかと思います。

　重要なのは、「**問題が解けること**」ではなくて「**合格できること**」です。

　極論、1問正解しても他の3問が不正解になるのなら、そんな問題は解く価値がないのです。

　「死守」で点が稼げているのならば、「攻め」で点を稼ぐ必要は全くないんですよね。

　余談ですが、東大の英語入試問題にも、多くの学生にとって「攻め」でしかない問題があります。

　第4問A問題は文法の問題なのですが、めちゃくちゃ難しくて、多くの人が「捨て問」だと言っています。

　試験において、捨ててもいい問題というのはたしかに存在していて、その問題で時間を取られている受験者をぶった斬るわけです。

　そういう、トラップのような難しい問題に対応するためにも、合格戦略を立てる必要があるわけですね。

　「はじめに」でも書きましたが、みなさんは英語の試験を突破するのが目的なのであって、英語が喋れるようにな

るのが目的ではありませんよね。

　試験勉強の目的というのは、合格でしかありません。

　もっと言えば、その目的のためになっていないことは試験勉強ではなく、その目的のための行為ならそれは試験勉強なのです。

　そう考えたときに、合格戦略を立てることは、優先順位の高い「試験勉強」だと言えます。

　みなさんしっかりとこの点を心に留めておいてください。

　さて、この「攻め」と「守り」を、先ほど解いた過去問と照らし合わせて考えていきましょう。

　過去問を解いてみて、みなさんは、いかがでしたか？

　解けた問題や、もう少し頑張れば解けそうな問題は「守り」になりますね。

　逆に、解けなかった問題や、頑張っても解けそうにない問題は「攻め」になるはずです。

　「どちらとも言えない」みたいな問題もあるかもしれませんが、一旦は「どちらかと言えば」で考えていきましょう。

戦略立案 STEP 2
目標点数を決めよう!

　こうしてすべての問題を「攻め」と「守り」のどちらか
に振って、みなさんの「得意分野」と「苦手分野」が明確
になったら、それぞれの目標点数を立てていきましょう。

　「この問題で何点取れば合格なのか」ということを、そ
れぞれ考えていってください。

　それが合格戦略になっていきます。

　例えば英検2級の一次試験であれば、大体1950点中
1520点を取れば合格です。

　ギリギリ1520点を目指すと、何かあったときにうまく
いかないこともありますから、1550点取ることを目標に
しましょう。

　英検の問題には、ライティング、リスニング、リーディ
ングの3種類があります。

　このうち、みなさんが「攻め」「守り」としたのはどれ
でしたか?

　「なんとなくライティングが解けた気がするので守りか
な」「逆にリスニングは攻めだろうな」となったのであれ
ば、「守り」の問題の配点を高めに、「攻め」の問題の配点
を低めにして考えていきましょう。

　「ライティングは570/650を目指そう!」「リスニングは

43

490/650 を目指そう」。こうすれば、「リーディングも490/650 を目指せば合格点だ！」という感じになりますね。

　配点や合格最低点の情報が知りたい人は、第4章で各試験の情報についてまとめています。こちらを参考にして戦略を考えていくのもいいでしょう。

仮でもいいから、とにかく「目標」を立てる

　ちなみに、みなさんの中には、「合格/不合格」で判断されない試験を受ける人もいるでしょう。

　TOEICやTOEFLのように、「できればいい点が取りたいけれど、何点取れればいいというゴールが明確ではない」試験に身を投じようとしている人も多いでしょう。

　ですが、そんな人でも一旦目標点を設定してください。

　過去問を解いたのであれば、ある程度「このくらいの点数を取りたいかな」というものも見えるようになったと思います。

　それを使って、とりあえず仮でもいいので、目標点数を設定してください。

　「今700点だったから、800点取れればいいかな」みたい

な感じですね。

　このとき、「大体こんな点数かな」と、アバウトな目標を決めるのはおすすめしません。

　我々はよく、「いい点を取りたい」と考えがちですが、「いい点」が何点なのか決めていないうちは、いつまで経っても勉強が戦略的になっていきません。

　「800点を取るために、ここでは400点を、ここでは200点を、ここでは200点を取らなければならない」と、明確な目標を立てていくためには、点数の目標が不可欠なのです。

　また、試験中の立ち回りも、目標点数の有無によって変わってきます。

　例えばみなさんは、試験時間があと5分しかなくて、今解いている問題が解き終わらないかもしれない、と思ったときに、最後まであがきますか？　それとも、その問題を捨てて見直しをしますか？

　目標点数に達しそうであれば、その問題を捨てて見直しをした方がいいですね。

　目標点数に達しなそうであれば、その問題で最後まであがいた方がいいでしょう。

どちらであってもいいのですが、目標点数がないときが一番危険です。

　なぜなら、どちらがいいかという判断ができなくなって、いたずらに時間を消費してしまうということがあるからです。

**　目標点数を設定することは、点数を安定させることにつながります**。

　仮置きの点数として、後から変える目標であってもいいので、とにかく目標点数を設定しましょう。

　そちらの方が結果的に、点数の向上につながるのです。

戦略立案 STEP 3
目標時間を決めよう!

目標点数が決まったら、次に目標時間を設定することを
しましょう。

「この大問を、何分で解くのか」ということを考えてい
くのです。

これもまた、目標点数を決めるのと同じくらい重要です。

なぜなら先ほども述べた通り、**英語の試験は基本的に時
間との戦い**だからです。

例えば、TOEICやTOEFL・英検1級は、ネイティブス
ピーカーでも満点を取ることが難しいと言われています。

それはなぜかというと、時間制限が厳しいからです。

「時間をかければ解けるけど、時間が足りないから解け
ない」とネイティブの人でも考えるそうです。

つまりは、時間がそれだけ厳しい試験をみなさんは解い
ているのです。

そこで重要なのは「**どの問題にどの程度時間をかけてい
いのか**」自分の中で決めておくことです。

「あ、3分も経ってる!　きついな、もっと速く解かな
きゃ」と、問題を解いていく中で軌道修正していくことは
とても重要ですし、逆にそうでないと、自分の本来の力を
出しきれずに点数が伸び悩んでしまうことがあります。

どの問題に、どれくらい時間をかけていいか。

　これを決めておくことで、点数が安定するというわけです。

──解答時間の削り方を考える

　過去問を解いたときにログを残すことをおすすめしましたが、それをもとに次のことを考えていきましょう。

- **何分時間を削らなければならないのか**
- **その削らなければならない時間を、どこで削るのか**

　この2点です。要するに試験時間内に収まるように調整していくわけですね。

　「守り」の問題を解くスピードを上げる必要があるかもしれませんし、「攻め」の問題を捨ててしまうのも手です。

　こちらもとりあえず、仮でもいいので、目標時間を決めてみてもらえればと思います。

　第4章には、各試験の目安の時間も載せておきましたので、ご確認ください。

　東大生は、どんな試験であっても、「**何を、何点くらい、どれくらいのスピードで、解かなければならないか**」を明確にして受験をしています。

　「第1問は10分で6/10点取ろう」

　「第2問は15分で15/25点取れれば、合格が近付くはずだ」

　と、すべての問題で明確な目標点・目標タイムがあるのです。だからこそ、試験本番でうまく立ち回って安定した高得点を取れるんです。

　ちなみに、「大問が3つで、試験時間が60分だから、1問20分だ！」と単純計算で考えてはいけませんよ。

　見直しや、マークシート式の試験であればマークする時間もあるからです。

　しっかりと、3〜5分くらいは余らせて目標を設定するようにしましょう。

　そうやって解いていくことで、大体時間通りに解けるようになっていきます。

　さて、ここまで考えられたら、攻略すべき問題や時間を短縮すべき箇所が見えたと思います。

続く第2章では、リーディング、ライティング、リスニングの各問題形式を、どう攻略していくか考えていきたいと思います。

　今の段階で、もし「うーん、目標点数が定めきれないな」と思ったら、一旦第2章を読んでもらってもいいと思います。また、第4章には各試験の情報についてのまとめもついているので、そちらを先に読んでいただいてもかまいません。

第 2 章

問題形式別 「得点アップ」のコツ

Chapter 2

すべての問題形式に共通する勉強法

　さて、第2章では、「英語試験の勉強法のコツ」について具体的にご紹介していきたいと思います。

　リーディング・ライティング・リスニングという英語試験の中心となる問題形式について解説していきますが、その前に、みなさんには、英語についての根本的な理解をしてもらわなければなりません。

　英語という言語を根本的に理解することで、英語の勉強効率が飛躍的にアップするのです。

　多くの人が英語という言語を、日本語と同じように解釈して失敗しています。

　英語を日本語のように解釈してしまって、読み間違えてしまうのです。

　最近では、日本でも幼いころから英語学習を始めることが多く、身近な言語ではありますが、実際には全く異なる体系の言語です。

　その違いについて全く理解していない状態では、どんな英語の勉強をしても無意味になってしまうのです。

──英語と日本語の違いを理解せよ

　そもそも日本語は、他の言語にはないとある品詞があります。それは「助詞」です。

　「は、が、の、に、を」というような、「助詞」がある言語って、実は珍しいのです（他言語でも似た機能をもつものはあります）。

　例えば、「彼はリンゴを食べた」という文章を見てみましょう。

　日本語の場合、単語の順番を入れ替えたとしても意味は伝わります。

　「リンゴを彼は食べた」でも、「彼は食べた。リンゴを」としても、意味が通りますよね。

　なぜこのように順番を入れ替えても平気で意味が伝わるのかというと、日本語には助詞があるからです。

　文法用語的に説明すると、「彼はリンゴを食べた」の「〜は」は、主語を補助する副助詞ですね。「〜を」は直接目的語を示す格助詞です。

　つまり「〜は」があるので、どこにあっても「彼は」が

主語だとわかり、「〜を」があるので「リンゴを」が目的語だということがわかるのです。

このように、助詞のおかげで日本語は順番を自由に入れ替えることができるんですよね。

しかし、英語には助詞が存在していません。

だから、主語や目的語を示す目標が存在しないのです。

「彼の手を私は握った」という文があったとして、これを助詞を消して「彼　手　私　握った」とすると、「彼が私の手を握った」なのか、「私が彼の手を握った」なのか、わからなくなってしまいませんか？

みなさん、これが英語の世界です。

英語の世界では、助詞がないので、このように「誰が何をしたのか」がよくわからない状態になってしまうのです。

だからこそ、**英語は、「単語の順番」を固定することで、主語や目的語を決めています。**

「I hold his hand.」というように、主語の後ろには動詞を置き、その後ろには目的語を置く、というような流れで順番を明確にしているのです。

英語が順番を重視するのは、こういう理由なんですよね。

そしてその順番の大本になるのは、「主語＋動詞」とい

う考え方です。

　ちなみに文型があまり理解できていない人のために言うと、主語と動詞は以下のようなものです。

主語：その行為をする主体のこと。私、彼、彼女など
動詞：主語が行う、行動を示す言葉のこと。会う、話す、
　　　　考えるなど

　英語は、原則的に主語＋動詞で始まります。

「誰が」「どうする」という風に考えていくのが英語なのです。

　どんなに難しい文でも、基本的にこの原則自体は変わりません。

「I」「think」とか、「You」「run」とか、まずは主語である「誰が」が来て、次にその人が「どうする」を考えていく、というのが英語のリズムなのです。

──「5文型」こそ、英語の根本原則

　さて、ここまで聞いてみなさんはどう思ったでしょう

か？

　あまりこの話って学校で教えていないケースが多いので、「この話、知ってる！」という人はおそらく少ないと思います。

　この話を知らないと、「なぜ学校でこんなことを習ったのかわからない」と思ってしまう分野が一つあります。それは、**5文型**です。

　5文型は、高校に入ったら最初に習うものなのですが、どうして5文型が大事なのか、そもそもなんで最初に勉強しなければならない分野なのか、あまり知られていません。

　これを勉強したからと言って、文章を読むのに影響があるわけでもないし……と。

しかし、5文型は、はっきり言ってめちゃくちゃ重要なんです！

　5文型をしっかり理解できているかどうかで、英語ができるかどうかが明確に分かれます。

　それくらい重要な分野であるにもかかわらず、先程の「英語と日本語の違い」が明確に理解できていないと、「なんでこんなこと勉強しなければならないんだ？」となってしまいます。

　英語試験でライバルと差をつけるのであれば、みなさんぜひ5文型を理解しましょう。

　多くの人が疎かにしているからこそ、ここができるようになれば、必ず効果が表れますし、英語の試験勉強を効率的に進めることができるようになります。

──5文型とは何か

　まず、5文型の「文型」とは、英語の文章における「単語を並べる順番」のことです。

　先ほどお話しした通り、英語というのは順番が大事です。

　死ぬほど大事で、その順番が違ってしまえば、一発で意味が逆になったり、意味が通らなくなったりしてしまいます。

　そして、その「単語を並べる順番」のルールのことを文型といい、これが英語には5つしかないのです。

第1文型：SV

第2文型：SVC

第3文型：SVO

第4文型：SVOO

第5文型：SVOC

（Sは主語　Vは動詞　Cは補語　Oは目的語）

　すべての英文は、絶対にこのうちのどれかになります。接続詞で2つの文がつながっていたり、省略された表現になったりしていることはありますが、どんな英文も、この中のどれかになっているのです。

　先ほど、主語と動詞は説明したので、補語と目的語についても整理しておきましょう。

　目的語は、「誰に」「何を」という言葉を指します。

　「私は彼女に会った」と言ったら「彼女」、「私はプレゼントを買った」と言ったら「プレゼント」を指します。

　目的語は基本的に名詞しかなれません。

　これを「O」と表現するのは、「Object（対象）」に由来します。

　簡単に言えば、日本語で「〜に」や「〜を」に相当する言葉のことですね。

　補語は、説明を補足する言葉を指します。

　「I am a student.」という文があったときに、「私は……。

(I am......)」で終わっていたら「私はなんなんだ?」と疑問に思いますよね。だから、「a student ＝学生」というような、情報を補完する言葉が必要になります。これを「補語」と言うのです。

これは「C」と表現しますが、「Complement (補完するもの)」に由来しています。

補語は、名詞だけでなく、形容詞もなれます。「I am happy.」と言ったときに、「happy」は私を形容する形容詞ですよね。なので、Cは「名詞」と「形容詞」が当てはまります。

——5文型＝英文の意味がわかる魔法

ここまで述べた話は、教科書や参考書に書いてあることでしかないのですが、ここから多くの人が知らないような話をします。

実は5文型のうち、「第3文型 (SVO)」以外の4つの文型は、文型がわかったら、大まかなVの意味が推定可能なのです。

Vの動詞がわからなかったとしても、文型さえわかれば

訳すことができるのです。

　先に一度、整理しましょう。

SV　　　　Vは「存在か移動」
SVC　　　Vは「＝」
SVO
SVOO　　Vは「与える」
SVOC　　Vは「思う・感じる・言う」か「因果関係」

　こうなります。
　どんなにVが難しい動詞だったとしても、文型が判断できれば、4/5は、訳すことができるのです。
　例えば、「I exist in Tokyo.」といったときに、「exist」という英単語の意味がわからなかったとしましょう。
　多くの人はそうなったら「もう無理！　わからない！」となるかもしれませんが、それは間違っています。
　「I exist in Tokyo.」は、「in」から先は前置詞の句なので、「I」＝S、「exist」＝Vの、第1文型ですよね。
　第1文型の意味は、どんな動詞であったとしても、「存

在」か「移動」になります。

だから、「I exist」で「私は存在している」か「私は移動している」ということになります。

今回の場合「in Tokyo」なので、「私は東京に存在している」という意味になります。

このように文型がわかれば、動詞の意味が理解できるのです。

だからこそ、文型を理解できるかどうかが、英語の鍵になってきます。

みなさんがこれから英文を読むときに、「あれ、この動詞の意味わからないな」となったとしても、なんと**文型さえ理解できれば、意味が理解できる**わけです。

そんな魔法のようなテクニックがあるから、文型は大事なのです。

──第1文型は「存在」か「移動」

ではここから、一つひとつ、見ていきましょう。まずは第1文型です。

前述のようにこの文型の意味は、どんな動詞であっても、

「存在」か「移動」になります。

　例えば、「I get to the school.」という英文があります。

　この場合、「I」がSで主語、「get」がVで動詞です。

　toは前置詞なので、これは文型の判断には関係しません。

　だからこれは、第1文型になりますね。

　さて、この文を、みなさんはどう訳しますか？

　「get」という動詞を調べると、「手に入れる」という意味が出てきます。

　だからこの文は、「私は学校を手に入れる」と訳すでしょうか？

　実は違います。先ほどお話しした通り、第3文型以外の動詞は、文型によって意味が決まっています。そして第1文型は、すべて「存在」か「移動」です。

　この場合、その後ろの前置詞が「to」となっているので、「移動」と捉えて「〜に着く」と訳すことができるでしょう。

　つまり、「私は学校に着いた」と訳すわけですね。

　「え!?　でもgetって『手に入れる』って習ったよ!?」と思うかもしれませんが、それは第3文型の場合の意味です。

　たしかにget＝「手に入れる」と訳す場合もあるのです

が、第1文型で使われているときは、存在か移動の意味になります。

「I made for the school.」という表現がありますが、これも make =「作る」と解釈するのではなく、「第1文型だから made は存在か移動だ！」と解釈して、「私は学校に行った」となります。

get =「手に入れる」、make =「作る」と丸暗記してそのまま訳してはいけないわけです。

逆に言えば、**今みなさんが覚えている英語の動詞は、第3文型の意味がメイン**です。

それ以外に載っているものもありますが、それは文型の意味になります。

例えば「exist」は「存在する」という意味で英単語帳に載っていますが、これは順番が逆で、「exist は第1文型で使われるから、『存在』か『移動』の意味になる」ということなのです。

あくまでも文型が優先されているという感覚を持っておくと、英語試験の勉強がはかどると思います。

——第1文型を深く理解する

さて、もちろん「存在」と「移動」という言葉には、いろんな解釈があります。「Tom grew up.」という英文のgrewは「育った」という意味だと英単語帳に書いてあります。

この場合、「トムは子供の状態から大人の状態に移動した」という意味で、「トムは育った」ということになります。移動＝「go」というわけではありません。

ですが、第1文型にはいつも、「存在」か「移動」のニュアンスがあると覚えておいてもらえればと思います。

では、この英文はどうでしょうか？

This game prevails in the world.

おそらく多くの人は、prevailの意味がわからないと思います。そしてそれがわからないと、文全体の意味がわからないですよね。

　でも、そんなときには文型を考えてみましょう。

　これはまず、「This game」が主語ですね。そして「in」は前置詞ですからそれ以外は無視して大丈夫です。

　そうすると、「prevail」が動詞となる、「第1文型」の英文であることがわかります。

　そうなると、動詞の意味は先ほどと同じで、「存在」か「移動」ですね。「in」があるので「存在」の方がしっくりくるように感じるので、この文は「このゲームは、世界中に存在している」となります。

　このように、どんなに難しい英語が出てきても、文型の判断さえできれば、その文の意味が推測できるのです。だから文型の勉強はとても大事だと言えます。

——「I am.」はどう訳す？

　ちなみにみなさんは「I am.」ってどう訳すと思いますか？

　「私は〜です」なんて言う人がいますが、それは「I am a cat.」のように、後ろの補語がある第2文型の場合です。「I am.」だけなら、「I」＝Sで、「am」＝Vの、第1文型に

なっています。

　第1文型ということは、あとはわかりますよね？　「存在」か「移動」になります。ここで答えを言ってしまうと、「私はここにいます」という意味になります。

　クラスで「Mr. Miura はどこにいますか？」と聞かれて、「私はここですよー！」と返事をするときなどに、「I am.」と言いますが、これは「存在」のニュアンスがあるのです。

──第2文型の意味は、「S＝C」

　この調子で、他の文型についてもお伝えしましょう。第2文型は、「S V C」という形になっているものです。

　この場合の「V」の意味は、「＝」になります。「S＝C」になるわけです。

　「I am a cat.」なら、「I＝a cat」となります。「I am happy.」なら「I＝happy」です。

　第1文型のときに「存在」か「移動」だったのと同じように、「V」の意味は「＝」で固定されます。「I get happy.」と言ったときに、「私は幸せを手に入れた」と訳

したくなりますが、実際は「私は幸せだ」というだけでいいのです。

「I am a person.」でも「I am happy.」でも「I get happy.」でも、第2文型であればみんな「＝」だと考えればいいわけですね。

──第2文型の「謎」

さて、第2文型の説明をもう少し、続けさせてください。

みなさん、学校などで第2文型の文について説明を受けたときに、少し疑問を持ったことはありませんでしたか？例えば、「I am a man.」と「I am happy.」って、少し感覚が違う気がしませんか。

たしかにみなさんは「人」でしょう。

でも、みなさんは「幸せ」そのものでしょうか？

もちろん「幸せ」なのはわかるのですが、「私」という人間と、「幸せ」という概念が、「＝」で結べるのって、何かおかしな感じがしませんか？

品詞で説明すると、第2文型は「名詞＝名詞」のものと「名詞＝形容詞」のものがあります。

67

でも、「名詞＝名詞」はまだ「ああ、同じものなんだな」ということがわかりますが、「名詞＝形容詞」って、ちょっと間違っている感じがしますよね。

　少なくとも数学で「＝」を使うときと、ちょっと違う感じがします。

　実は、ここには一つ、カラクリがあります。

　Ｃが形容詞の場合、これは実は「**名詞が省略された表現**」なのです。「I am a happy person.」の、「a」と「person」が省略されているのです。「私は『幸せな人』だ」という意味があって、そこから『人』が抜けているのです。

　英語は、繰り返しの表現や、当たり前にわかることは省略してもいいことになっています。この場合、彼が人なのは明白なわけですから、「I am [a] happy [person].」と表現してもいいことになっているわけですね。

　さて、なんでこんな話をしたのかというと、2つのことをわかっていただきたいからです。

──❶「ＳＶＣ」と「私は〇〇だ」は、違う

　「ＳＶＣ」は、「私は〇〇だ」と訳す場合が多いです。で

も、先ほどの省略の話でわかったと思いますが、英語は意外としっかり「ＳＶＣ」は「Ｓ＝Ｃ」の原則を徹底していて、日本語の「私は○○だ」と「ＳＶＣ」は感覚が違う場合があるのです。

この感覚がわからないままだと、ライティング・英作文の問題で失敗してしまうことがあります。

多くの人は、「私は○○だ」を「ＳＶＣ」で書こうとする傾向があります。

「私は知っている」って、みなさんはどう書きますか？「私は」だから、「I am 〜」ですか？　でもそれだとうまく書けませんよね？　正解は、「I know」です。「は」がついていますが、「ＳＶＣ」で書こうとすると書けないのです。

日本語の「は」は、ただ主語を説明するだけの言葉です。

でも英語の「am」や「is」は、「＝」の意味になるのです。これがわかっていないと、痛い目を見ることがあるので要注意です！

──❷「ＳＶＣ」は「省略」が起こりやすい

　もう一つは、「ＳＶＣ」は、省略が起こりやすいということです。例えば、「His is the eye which finds out the truth.」という英文があります。

　みなさんこれ訳せますか？　おそらく多くの人が、「His？　これが主語？　どう訳すの？」となったと思います。

　しかし、省略がよく発生することがわかっていると、わかるはずです。「His」の後ろに、実は省略されている名詞があるのです。

　繰り返しの表現になるときは省略できるという話はさせていただいたので、正解は後ろの方にあります。「eye」です。

　「His eye is the eye which finds out the truth.」（彼の目は真実を見通す目だ）が正解になります。

　このように、**ＳＶＣを見て「省略はないかな？」と考えるようにする**とうまく英語の和訳ができるようになります。

——第4文型の意味は「与える」

次は、第3文型を飛ばして第4文型です。

基本の「S＋V」の形の後ろに、2つの「O＋O」が並んでいる状態ですね。

「I give him this ring. ［私は彼に指輪をあげる］」のように、まず最初のOは「彼に」、次のOは「指輪を」となります。

そして、第1文型や第2文型と同じく、これも動詞の意味がわかります。この文型の場合、「与える」となります。

例えば、「My mother made me some boiled eggs.」という英文を考えてみましょう。

みなさんは、この文をどう訳しますか？　「made ってことは、作るんでしょ？　じゃあ、えっと、私を作る……？」なんて考えてしまうと、ドツボにハマってしまいますね。

この文の文型を先に確認しましょう。

「My mother」がS・主語で、「made」がV・動詞、「me」と「some boiled eggs」があるということは、目的語

71

が2つあり、「SVOO」の第4文型ですね。

　だから、この「made」は「与える」という意味になります。

　そしてすぐ後ろのme が目的語ですから「私に」と訳し、「some boiled eggs」がもう一つの目的語ですから「いくつかのゆで卵を」となります。なので、「私の母は、私に、いくつかのゆで卵を与えた」となります。もう少し頭を柔らかくして、「私の母は、私に、いくつかのゆで卵を作ってくれた」という訳し方がいいかもしれませんね。

【例】 My mother made me some boiled eggs.
S：主語　→ My mother
V：動詞　→ made
O：目的語　〜に　→ me
O：目的語　〜を　→ some boiled eggs
　→「私の母は、私に、いくつかのゆで卵を作ってくれた」

　動詞がmakeでも、すぐに「作る」と訳さず、「与えた」の意味が根幹にあると思って考えるようにしましょう。

「与える」がプラスだけ とは限らない!

さて、「与える」が根本の意味だとは申し上げたのですが、第4文型にはこんな形のものもあります。

【例】This report took me four hours.
このレポートに、私は4時間も費やした。

「あれ!? これって第4文型なのに『与える』じゃないじゃん! さっきのは嘘だったの!?」と思うかもしれませんが、嘘は吐いていません。

ただ、「与える」には、いろいろな考え方があるのです。

みなさんは「桃太郎電鉄」というゲームシリーズをプレイしたことがありますか? 「桃太郎電鉄」には「貧乏神」というシステムがあります。

貧乏神が付くと、プレイヤーのお金を勝手に使われたり、所持したカードが無くなったりして、基本的に取り付いて欲しくないものです。

その貧乏神ですが、人に押し付けることもできます。

「ほら、貧乏神お前にやるよ！」「いらないよ！　なんだよ、これー！」と盛り上がった経験があるのではないでしょうか？（未プレイの方、すみません）

　これと同じように、与えるのは何も、お金や料理、知見だけではないんですよね。圧力だったり犠牲だったり、マイナスなものも与えることができます。

　これに該当する動詞は、take と cost です。この2つの動詞が出てきたら、下記のような方程式で考えましょう。

$$S \ V \begin{bmatrix} \text{take} \\ \text{cost} \end{bmatrix} O_1 \ O_2 \begin{bmatrix} \text{時間／圧力} \\ \text{お金／犠牲} \end{bmatrix} \rightleftarrows S \ [-V] \ O_1 \ O_2 : [-V] = \text{「奪う」}$$

【例】 This report cost you \$100.
このレポートはあなたにマイナス100ドルを与えた
→このレポートにあなたは100ドルかかった

──第5文型の「2つのパターン」

　最後の第5文型は、次のような文章の形で登場します。

I named my dog Pochi.

私は、うちの犬をポチと名づけた。

Iが主語で、namedが動詞、my dogが目的語で、Pochiが補語になります。

この訳し方が、実はちょっと難しいです。

難しいからこそ、多くの英語の問題で使うことになります。

まず、第5文型の訳は2つのパターンに分けられます。

❶SVOCのVが「思う・感じる・言う」のとき

この場合、Vはそのまま訳せばいいです。

つまり、「SはOがCだと思う、感じる、言う」となります。

【例】I think it interesting.

この場合、I＝S、think＝V、it＝O、interesting＝Cの第5文型です。thinkは「思う」という意味だと覚えていますよね。

ですから、「私はそれが面白いと思う」と訳すことにな
ります。

　正直、こちらはなんの問題もないです。迷う要素がほと
んどありません。

　しかし、問題はここからです。これ以外のパターンのと
きが、ややこしいのです。

❷ SVOCのVが「思う・感じる・言う」以外のとき

　この場合、Vは因果関係を示します。

　Sが原因で、OがCという結果になった、という意味に
なります。

　「OがCという結果になる」というのは、どんな結果に
なるかはわかりません。プラスな状態になることもあれば、
マイナスな状態になることもあります。

　多くの場合、「SによってOがCになった」なんて訳す
ことになります。万能というわけではありませんが、一旦
これで訳しながら説明しましょう。

【例】My mother keeps my room clean.

　この文は第5文型ですが、このkeepsは、「思う」「感じる」「言う」のどれにも当てはまりませんね。ということは、keepsは因果関係を示すことになります。

　この場合どう訳すのか、覚えていますか？「SによってOがCになった」ですね。

　この文の場合、SはMy mother、Oはmy room、Cはcleanですね。さっきの訳に代入すると、「『私の母』によって『私の部屋』が『綺麗』になった」となります。

　別の文を見てみましょう。

【例】Her words drove me angry.

　この文も第5文型ですが、このdroveは、「思う」「感じる」「言う」のどれにも当てはまりません。ということはこの文も、因果関係を示すことがわかりますね。

　これも、「SによってOがCになった」としてみましょう。

　この場合、SはHer words、Oはme、Cはangryですね。

　ということで、「『彼女の言葉』によって『私』が『怒った状態』になった」となります。

さて、ここまではうまく訳せましたが、ここからは柔軟な発想が必要です。

【例】The heavy rain hindered us from going to TDL.

　この文は難しいですね。hindered なんて聞いたことない、という人が多いでしょう。
　ただ、「思う」「感じる」「言う」ではなさそうですから、これも因果関係を示すと推測できます。
　S は The heavy rain、O は us、C は from going to TDL となりますから、さっきのような要領で訳すと「ひどい雨によって、私たちは、東京ディズニーランドに行く……」となるわけですが、ちょっと意味がわからないですよね。

　さて、先ほど説明したときに、この**第５文型の根本的な意味は因果関係**だと言いました。「S が原因で、O が C という結果になった」が根本の意味です。
　ここまで来たら、「ひどい雨」が原因で、「私たち」が、どうなったのだろう？と考えてみてください。
　自ずと見えてきますよね。きっと、「行けなかった」「行

くのを邪魔された」ということなのではないかと考えることができると思います。

　だからこれは、「ひどい雨によって、私たちは、東京ディズニーランドに行くことができなかった」と訳すことになります。

──5文型を理解することの効果

　ということで、5文型を理解することによって、英語が格段に理解できるようになるという話でした。

　一つおすすめしたいことがあります。

英文にSVOCを振る習慣をつける

　ということです。

　文を見たときに、「どれが主語なのか」「どれが動詞なのか」がわかるような勉強をして、最初のうちはしっかりと「これはSで、これはV」と振っていくようにしましょう。

　このようにして、「その英文がどんなSVOCで成り立っているのか」を理解することは、英文を読むスピードに大きく関わってきます。

　文を見て、パッとSVOCを高速で見抜くことができる目

を持っていれば、その文の大体の意味が理解できて、英文を読むスピードは大きく向上するはずです。

　ぜひみなさん、ＳＶＯＣを重視した勉強をしてもらえればと思います！

リーディングのコツ❶
読解は「時間との戦い」

　さて、ここからは問題形式別の解説に入っていきます。まずはリーディング問題で高得点を取るコツです。

　どんな英語試験でも必ず課される問題でありながら、不得意だという人も多いこの問題形式をどう攻略すればいいのか、解説したいと思います。

　最初に申し上げておくと、

英語長文読解は、とにかく時間との戦いです。

　正直、時間が無限にあれば、単語力さえあればどんな人でもほとんど満点が取れると思います。

　なぜなら、**課題文には必ず答えが書いてあるから**です。その課題文を読み取って選択肢を選ぶわけですから、解けないわけがないと言っていいでしょう。

　ですが、英語長文読解は多くの人が苦手とします。

　それはなぜかと言うと、時間制限が厳しいからです。

　とにかく時間内に解くのがきつい勝負。

　要するに、**タイムアタックに近い**のです。

　ではどうすれば英語長文読解が解けるのか？　これについて、具体的な問題を例に出して解説していきましょう。

まずはこちらをご覧ください。これは大学入学共通テスト2023年の問題です。

A You are studying in the US, and as an afternoon activity you need to choose one of two performances to go and see. Your teacher gives you this handout.

Performances for Friday

Palace Theater
Together Wherever

A romantic play that will make you laugh and cry

- From 2:00 p.m. (no breaks and a running time of one hour and 45 minutes)
- Actors available to talk in the lobby after the performance
- No food or drinks available
- Free T-shirts for five lucky people

Grand Theater
The Guitar Queen

A rock musical featuring colorful costumes

- Starts at 1:00 p.m. (three hours long including two 15-minute breaks)
- Opportunity to greet the cast in their costumes before the show starts
- Light refreshments (snacks & drinks), original T-shirts, and other goods sold in the lobby

Instructions: Which performance would you like to attend? Fill in the form below and hand it in to your teacher today.

✂ -

Choose (✔) one: *Together Wherever* ☐   *The Guitar Queen* ☐

Name: _____

問1　What are you told to do after reading the handout?

① Complete and hand in the bottom part.
② Find out more about the performances.
③ Talk to your teacher about your decision.
④ Write your name and explain your choice.

問2　Which is true about both performances?

① No drinks can be purchased before the show.
② Some T-shirts will be given as gifts.
③ They will finish at the same time.
④ You can meet performers at the theaters.

　このように、ちょっとした表やグラフがあって、その図表に書いてある英語を読みながら与えられた設問に答えるという問題形式はどんな英語試験でも頻出です。

　TOEICでもTOEFLでも英検でも大学入試でもよく出題されます。

　この問題を参考にしながら、解き方を3つのステップで解説したいと思います。

いきなり課題文に飛びつくな

　試験開始の合図を受けて問題冊子を開くと、ページの真ん中に大きく表が載っているのがわかります。

　「さあ急いでこれを読むぞ」と焦る気持ちをグッと抑えて、まずは**必要な情報を集めるクセ**をつけましょう。

　よく見ると、表の手前に何か書いてありますね。

　実はこの「**リード文**」と呼ばれる部分にすごく重要な情報が書いてあるケースが多いのです！

　今回はどんなことが書いてあるか見てみましょう。

　"You are studying in the US,"「あなたはアメリカで学んでいて」とあり、これはどうやら状況説明のようです。

　続きを読みましょう。"and (as an afternoon activity) you need to choose one of two performances to go and see." とあり、読みやすいように前置詞asの節を括り出すと、「（午後の活動として）見に行く公演を2つの中から選ぶ必要がある」となります。

　どうやらこの表は、見に行く公演の候補について書いて

あるようです。

　ここまで理解した上で問題に取り掛かるのと、事前情報なしに課題文に飛びつくのでは、同じ文章でも読みやすさが段違いです。

　まずは一呼吸置いて、課題文を読むための手がかりを集めましょう。

STEP 2
「必要な情報」を整理せよ

　問題文を読んで表の趣旨を理解したら、次は選択肢に目を通しましょう。

　課題の表は見るからに文字が多く、たくさんの情報が載っています。

　しかし、そのすべてが問われるわけではありません。

　大問1のAで問われているのは、たったの2問です。

　極端なことを言えば、**この2問に関わらない情報はすべて読み飛ばしてしまってよい**のです。

　では、実際に見てみましょう。

問1 "What are you told to do (after reading the handout)?"

前置詞afterの節を括り出して読むと、「（プリントを読んだ後に）あなたは何をするよう言われているか」と問われています。

　つまり、この問題に答えるためには、公演の内容について書いてあることに注目するのではなく、「プリントを読んだ後はどうすればいいのか」という指示の部分を探して読むことになりますね。

　これがわかれば、公演の内容の部分をスキップして文章を見ることができるわけです。

　次も見てみましょう。

問2 "Which is true about both performances?"

　「両方の公演について正しいことはどれか」と問われています。

　注目すべきは "both performances"「両方の公演」、つまり候補の公演は2つあることがわかります。

　そして、その2つに共通する特徴を探せばよいわけです。

　逆に、**この問題文を読んでいない状態で課題文だけを読んでも、時間の無駄になってしまい場合が多い**わけですね。

STEP 3
選択肢では「動詞」に注目

　問題文を読んだら、次はそれぞれの選択肢を確認しましょう。

　といっても、全部をしっかりと読む必要はありません。なぜなら、選択肢が4つあるとしたら、そのうち3つは「正しくない」ことが書いてあるからです。

　間違った選択肢の記述に引きずられて課題文を誤読したら本末転倒。

　選択肢を読むときは、どんな候補があるのかをざっくり把握するくらいで大丈夫です。

　さて、英語で書いてある文章を「ざっくり読む」にはどうしたらよいのでしょうか?

　おそらくみなさんは、英語で書かれた文章を読むとき、1文目の最初の単語から順番にひとつひとつ和訳して読み進めているのではないかと思います。

　1行ずつ何が書いてあるかを理解して、次の行に進み、読み終わる頃には最初の方に書いてあったことがすっかり

頭から抜けてしまう……なんてことを繰り返しているかもしれません。

　これでは、内容を理解するのも大変だし、何より時間がかかってしまいます。

　例えば、こんな想像をしてみてください。

　ふと日本語の新聞を渡されて「1面にどんなことが書いてあるかざっくり教えてほしい」と言われたら、あなたは1面の記事を最初から1文字ずつ読みますか？

　おそらくそんなことはしないですよね。

　そうではなく、なんとなく眺めてキーワードを拾い上げ、「ああこれは新しい政策の話だな」とか、「陸上の世界選手権で新記録が出たんだな」とか、大雑把に把握することでしょう。

英語だって同じです。

　英語圏で育った人は、英語の文章を同じように斜め読みしています。

　あなたはまだ、母語の日本語ほど英語を読み慣れていないだけです。

　細かい文法を正確に追う読み方だけではなく、なんとな

く何が書いてあるか把握する読み方もできるようになると、英語の読解がずっと楽になります。

前置きが長くなりましたが、選択肢を「ざっくり読む」コツを解説していきましょう。

コツは、動詞に注目することです。

新聞を眺めてキーワードを拾うように、選択肢から動詞を見つけましょう。

この際、「誰が」の主語や「何を」の目的語は無視してもいいです。

問1では「（プリントを読んだ後に）あなたは何をするよう言われているか」が問われているので、行動が選択肢になっています。

① "Complete" and "hand in" the bottom part.「（下の部分を）完成させて、提出する」

② "Find out" more about the performances.「（公演についてもっと）調べる、探し出す」

③ "Talk" to your teacher about your decision.「（先生に自分の決定について）話す」

④ "Write" your name and "explain" your choice.「（名前
　を）書いて、（選んだものを）説明する」

　問2では「両方の公演について正しいことはどれか」が
問われています。

① No drinks can "be purchased" before the show.「（開
　演前に飲み物が）買えない」
② Some T-shirts will "be given" as gifts.「（Tシャツがプ
　レゼントとして）もらえる」
③ They will "finish" at the same time.「（同じ時間に）終
　わる」
④ You can "meet" performers at the theaters.「（劇場で
　出演者に）会える」

　動詞は文章の意味の中核をなすことが多いため、動詞さ
え捉えてしまえば、文脈に合わせて残りの単語を読めるの
で、文の意味を捉えやすくなります。

STEP 4
ここまで理解してから 課題文を読んでみよう

　さて、何が聞かれているか、選択肢にどんなものがある かを把握した上で、ようやく本文に取り掛かりましょう。

　表を見ると、大きく四角の枠で囲われたものが2つ並ん でおり、確かに2つの公演について説明してあるように見 えます。

Performances for Friday 「金曜日の公演」	
Palace Theater「パレス・シアター」	Grand Theater「グランド・シアター」
Together Wherever「どこでもいっしょ」	*The Guiter Queen*「ギターの女王」

　斜体（イタリック）になっている部分は固有名詞で、お そらく公演のタイトルでしょう。

　設問で聞かれていない部分なので、読み飛ばして問題あ りません。左側の公演の説明を読みます。

> A romantic play that will make you laugh and cry「笑って泣けるロマンチックな劇」
> ・From 2:00 p.m.（no breaks and a running time of one hour and 45 minutes）
> 「午後2時から（休憩なし、上演時間は1時間45分）」

　問2の選択肢に終了時刻の話があったことを思い出してください。

　午後2時から始まって休憩なしの1時間45分なので、午後3時45分に終わるんだなと確認しておきます。

> ・Actors available to talk in the lobby after the performance「劇が終わった後、ロビーで役者と話すことができる」
> ・No food or drinks available「食べ物、飲み物は提供されない」
> ・Free T-shirts for five lucky people「ラッキーな5名に無料Tシャツをプレゼント」

　問2の選択肢で見かけた単語がたくさん出てきました。劇場で役者に会える、飲み物は買えない、Tシャツは5名だけ、と情報を整理しながら読み進めます。

　続いて右の公演の説明へ。

> A rock musical featuring colorful costumes「カラフルな衣装のロックミュージカル」
> ・Starts at 1:00 p.m.（three hours long including two 15-minute breaks）「午後1時開始（2度の15分休憩を含めて3時間）」

　右の公演は午後1時から3時間なので、終了時刻は午後4時ですね。

> ・Opportunity to greet the cast in their costumes before the show starts「開演前に衣装を着た出演者と挨拶をする機会がある」
> ・Light refreshments（snacks & drinks）, original T-shirts, and other goods sold in the lobby「軽食（スナックと飲み物）やオリジナルのTシャツなどのグッズがロビーで販売される」

　先ほどと同様に、出演者に挨拶できる、飲み物とTシャツはロビーで買える、と公演の情報を集めます。2つの大枠の下にも、さらに文章が書いてあります。

Instruction: Which performance would you like to attend? Fill in the form below and hand it in to your teacher today.
「指示：どちらの公演に出席したいですか？　下の記入箇所を埋めて今日中に先生に提出してください。」

- Choose (✔) one: *Together Wherever* ☐　*The Guitar Queen* ☐
- Name: ＿＿＿＿＿＿＿＿＿＿＿＿＿＿＿＿＿

"Instruction"「指示」という単語を見て、問1を思い出せたでしょうか。プリントを読んだ後に何をするのか、書いてありそうですね。

問1「（プリントを読んだ後に）あなたは何をするよう言われているか。」

① "**Complete**" and "**hand in**" the bottom part.「（下の部分を）完成させて、提出する」

② "**Find out**" more about the performances.「（公演についてもっと）調べる、探し出す」

③ "**Talk**" to your teacher about your decision.「（先生に自分の決定について）話す」

④ "**Write**" your name and "**explain**" your choice.「（名前を）書いて、（選んだものを）説明する」

したがって、答えは①となります。

問2 「両方の公演について正しいことはどれか」

①No drinks can "be purchased" before the show.「（開演前に飲み物が）買えない」

②Some T-shirts will "be given" as gifts.「（Tシャツがプレゼントとして）もらえる」

③They will "finish" at the same time.「（同じ時間に）終わる」

④You can "meet" performers at the theaters.「（劇場で出演者に）会える」

　飲み物は、左の公演では買えませんが、右の公演では買えます。

　Tシャツは、左の公演では5名にプレゼントされますが、右の公演では売られています。

　終演時刻は、左の公演が午後3時45分、右の公演が午後4時で、異なります。

　出演者には、どちらの公演も会うことができます。

　したがって、答えは④となります。

このように、設問で何が問われているか、選択肢にどんなものがあるかを確認してから課題文を読むことで、必要な情報だけを効率よく集めることができるのです。

　いかがでしょうか？
　ぜひこの解き方で過去問を解いてみてください。そして、この解き方に慣れるようにしましょう。
　重要なのは、「**速く解く解き方**」**にしっかりと慣れること**です。
　パッと読んで、内容を理解する、というのは経験を積んでいかなければうまくいきません。
　とにかく過去問を解いて、この形式に慣れていくようにしましょう。

リーディングのコツ❷
続く文を予測する

　さて、もう一つ、速く問題を解くテクニックをご紹介したいと思います。

　題して「**次にどんな文が続くか考えてみよう**」です。

　長文問題の中には、段落が複数にまたがっているものも少なくありませんね。

　試験によって問題のテーマはさまざまですが、英語のニュースの一部を抜粋していたり、論文の導入が取り上げられていたりと、結構本格的かつ長い文が出題されることがあります。

　そんなときに有効なのが「次の段落を予測する読み方」です。

　以下の英文を読んで、その後どんな文章が続くか考えてみましょう。

Bad luck always seems to strike at the worst possible moment. A man about to interview for his dream job gets stuck in traffic. A law student taking her final exam wakes up with a blinding headache. A runner twists his ankle minutes before a big race. Perfect examples of cruel fate.

【東京大学 1994年 英語 第1問A問題 1段落目】

この文章をパッと見て注目するべきなのは「always」です。「いつも」という意味ですね。

　実は、英語において最初の段落で「always」とか「most of us」とか「tend to」とか、そんな風に「私たちはいつもこうしがちだ」という文章が出てくる場合って結構多いのです。

　それらは「こんなことって、よくありますよね？　みなさんも経験ありますよね？」という内容が書かれています。

　この文章では「不運ってやつは、最悪なタイミングでやってきますよね」と書いてあって、後に続く文は全部その例です。

　そしてその最後には、「運命ってやつはすごく残酷ですね」と書いています。

　突然ですが、みなさんはテレビでショッピング番組を見たことがありますか？　あの手の番組の冒頭を思い出してください。「みなさん、こういうことでお困りですよね」と言ってスタートする場合が多いですよね。

　「お子さんが全然勉強しないとお困りの人、多いですよね」「掃除機の音がうるさくって困るって人、多いですよ

ね」

　そして、その後で「でもこの本を読めば大丈夫！」とか「でも、この掃除機さえあれば大丈夫！」という流れになっていきます。

　「みなさん、○○ですよね」は、全部「前振り」。その後に続く文章のちょっとした前振りになっていることが多いのです。

**　英語試験の問題も、これと同じです。**

　なぜ「私たちはいつもこうしがちだ」という文章が出てくるのかというと、その後で「でもそれって間違っているんですよ！」とか「それって実はこうだからなんです！」と説明を加えるためです。

　ですから今回の場合、きっとこの文章はこの後、「実はそれは間違いなんです！」とか「そう感じる人が多いのは、こういう理由なんです！」という文章が来るに違いないのです。

　「不運が最悪のタイミングで来ますよね」の逆ですから、「不運が最悪のタイミングで来るっていうのは、実は間違いなんです！」「不運が最悪のタイミングで来るように感じるのは、実はこういう理由なんです！」という流れが来

るのです。

　そしてそういうときに使われる接続詞が、「しかし」とか「でも」とか、そういった意味の「逆接の接続詞」です。

　英語では、「but」とか「however」とか「yet」と言います。その他にも、「In fact」＝「実は」と表現する場合もあります。

　そしてそこで出てきた新しい概念を、読み手に対してどんどん説明していくのです。

　だからこそ、

接続詞が登場するタイミングでは重要な言葉が来やすい。

　そのあとは、それを説明するための文章や具体例が来やすいです。

　「for example」とか「for instance」とかですね。

　そのほかにも、「therefore」＝「それゆえに」とか「in short」＝「要するに」とか、そういう言葉が来ます。

　これこそが文のパターンであり、流れであり、文脈で、これを守っている文章がとても多いのです。

　このパターンを理解しておくことで、文章を読むスピードは格段に速くなります。

　この流れを自分の中に染み込ませるような訓練を繰り返していきましょう。

最初：always/most of/we/tend to、「私たちは」「いつも」「〜な経験はないだろうか？」という意味の文言などが多い。
→そこで書かれていることが次の段落では否定される場合が圧倒的に多い。

第2段落〜中盤：but/however/yet/in fact、「しかし」「でも」「実は」などが多い。
→そこで書かれていることが前の段落の否定であり、文全体の趣旨であることが圧倒的に多い。

中盤以降〜後半：in short/therefore/for example/for instance、「つまり」「要するに」などが多い。
→そこで書かれていることは、文の趣旨の詳しい説明であり、前の段落の具体例であることが多い。

リーディングのコツ❸
「類義語と対義語」の活用

　もう一つ、リーディング問題で使えるテクニック、「問題が解けるようになるテクニック」をみなさんにご紹介したいと思います。

　それは、**類義語と対義語を覚えて、選択肢の内容の類義語・対義語を探していく**というものです。

　例えば、内容合致の問題の選択肢に「He ate breakfast.」と書いてあったとしましょう。

　このとき、みなさんは「さて、じゃあ彼が朝食を食べたのかどうか、確認するか」と考えると思います。

　でも大抵の場合、選択肢で「ate breakfast」と書いてあったら、本文には「Tom ate breakfast.」なんて書いてくれてはいないんですよね。もちろん「Tom ate breakfast.」と書いてあったら「やった！　じゃあこれが答えだ！」となると思うのですが、そんな問題はほとんど出ません。

　きっと、「had an egg sandwich」のように別の「朝食を食べる」という表現を使っていて、「あ、これって『朝ごはんを食べてる』ってことだな！」とわかったら正解になる、という問題を作っているんですよね。

　ということは、同じ意味の表現を知っていれば、簡単に答えが出せるわけです。

　同じ理屈で、反対の意味の言葉も覚えておくと答えにつながることがあります。

　例えば「Tom opposed this opinion.」という選択肢があったとしましょう。「opposed」は「反対する」ですね。

　類義語は「disagree」「against」なわけですが、文章の中では「Tom didn't agree.」と書いているかもしれません。「not」を使って、反対語の「agree」で「反対する」と表現しているわけですね。

　なので、類義語だけでなく反対の意味の言葉も覚えておくことで、正解が見分けやすくなるのです。

　例えば、「好き」という英単語は「like」です。ですが、それ以外にもいろいろな「好き」があります。

　「be fond of」「prefer」で好む、「favorite」でお気に入り、「cherish」で大事にする、など。いろんな「好き」があり、これが「類義語」というものです。

　それに対して、反対の意味の「嫌い」という意味の単語もたくさんあります。「dislike」「hate」「disgusting」など、これが「対義語」というものです。

　多くの場合、こういうことは英単語帳にきちんと書いて

あります。「like」という単語の説明文の近くに「類義語は
これ」「対義語はこれ」と書いてくれている場合が多いで
す。ですが、それでも多くの人は覚えないで、「like＝好
き」とだけ暗記するのではないでしょうか。

　しかし、セットで類義語・対義語を覚えていくことで、
点数につなげることができます。

　さらに、**類義語や対義語を覚えることで文章を読むのが
速くなる**ことにもつながります。

　例えば「子どもが好きなゲーム」の話をしているとき、
「子どもはこのゲームがlikeである」と語った後、ネイティ
ブは「like」という英単語を使うことを避ける傾向があ
ります。

　英語って**「同じ表現を繰り返すことを嫌う」**んですよね。
同じ言葉をそのまま使ったりはせず、「like」であれば同じ
意味で違う表現の、「be fond of」「prefer」「favorite」など
を使って、同じ話題を手を替え品を替え、表現をどんどん
換えて表現していきます。

　「Tom」を「he」と言ったり「the downtown boy」と言っ
たり「the student」と言ったりして、同じ人を指している
のにもかかわらず全然違う表現を繰り返していくんです。

　こうした特徴をうまく理解できれば、英語の長文を読む
スピードは格段に速くなります。

　「類義語と対義語を追っていく」という読み方をぜひ試
してみてください。

ライティングのコツ❶
「伝わる英文」を考える

　次にご紹介するのは、ライティング問題のコツです。

　自分の意見や状況を英語で説明するというものですね。

　ライティングは英語試験において配点が大きい場合が多く、特に英検では比重が大きいので、得点源にしたいところです。

　大抵のライティング問題では、以下のように「これらの質問に答えなさい」という形式が多いです。

> ① ○○と△△と、どちらがよいと思いますか？
> **Which do you think better, ○○ or △△?**
> ② ～はよいことだと思いますか？
> **Do you think it is good ～?**
> ③ ～は大切だと思いますか？
> **Do you think it is important ～?**
> ④ ○○は、～すべきだと思いますか？
> **Do you think ○○ should ～?**

　ライティングは重要な分野でありながら、苦手な人が多い分野です。

　日本人は完璧主義の人が多いため、何かを訳そうとする

ときにしっかりと辞書的な意味や英文法を気にしながら英語を書く場合が多く、それで苦手意識を持ってしまうんですね。

でも、**英作文をライティングする上で必要なのは「相手に伝わること」**です。早い話が、

「伝わる英語」を書いていれば、点数にはなるのです。

例えば、「観光地」って英語でなんと説明すればいいかわかりますか？

Google 翻訳を使ったりして直訳すると、「a sightseeing spot」と出てきます。これがわかる人もいると思いますが、「いや、英訳できなかった！」という人もいるでしょう。

でも、このとき「ああ、もっと勉強しなきゃ。観光地＝a sightseeing spot と覚えなきゃ」と考えるのは間違っています。

「観光地」は、正式な言い方じゃなくても意味が伝わるのです。

例えば「観光地」は簡単に言えば、旅行者に人気の場所です。ということは「This place gives us joy.（この場所は旅

行者を楽しませている）」でもいいですよね。「This area is popular for tourists.（この場所は旅行者の間で人気だ）」でもいいはずです。

「popular」なんて、英単語としては中学レベル。中学で習う英単語ですし、文全体も中学で勉強する英文法しか使われていません。

「覚える」英語ではなく、もっと簡単な英語を使って伝えたいことを表現する習慣をつける必要があるのです。

直接的に訳すのではなく、もっと説明的にして、簡単な英語にしていいわけですね。

こういうのを、「意訳」と言います。

その英語の意味を英語にする、ということですね。単語力や文法力がいくらあっても、このスキルがないと英作文は難しいです。

この、「意訳」のスキルを身につけることができると、英作文はかなり楽に解くことができるようになります。

本書では、そのための3つのテクニックを紹介しましょう。

──❶「簡単な日本語」で説明する

　まずおすすめするのは、「**簡単な日本語で説明してみる**」というものです。

　先ほども、「観光地」を「旅行者に人気の場所」と日本語で簡単に説明しましたよね。

　このように、難しい言葉は、日本語でより簡単なものに直してから訳すようにするとうまくいくことがあります。想像してもらえるとわかりやすいのは、子どもに「ねえ、観光地ってどういう意味？」と聞かれて簡単に説明するイメージです。

　「旅をする人に人気の場所だよ」と答えたら伝わるだろうか、と想像していくことで、簡単な説明ができるようになります。

　例えば、「彼らはよく、単身赴任をする」ってどう訳しますか？

　「単身赴任」って難しいですよね。どのような英語にすればいいかわからないはずです。

　でも、「単身赴任」がどういう状態なのか説明できれば、

簡単に英語にできます。「単身赴任」は「家族と離れて住む」ということであり、たとえば「海外に1人で住む」ということですよね。

「work away from home」とか、「live alone abroad」とか、こういう表現だったらみなさんもパッと思い浮かぶのではないでしょうか？

ですから、「They often work away from home.」とすればいいわけですね。

または「私は途方に暮れた」をどう表現しますか？

これは「途方に暮れる」がどういう意味の言葉なのかを簡単に説明するように考えていけば、英語にできるはずです。

「途方に暮れる」とは、「どうしたらいいかわからない」ということですよね。「I don't know what to do.」で十分伝わるわけです。

このように、難しい日本語を、しっかりと英語に直してみましょう。こうすることで、簡単な英語で難しいことを表現できるようになります。

──❷名詞を動詞にする

　次におすすめなのは、**「名詞を動詞にする」**です。英作文でも重要なのは、実は「動詞」です。

　一般動詞をうまく使うことで、英作文は飛躍的にスキルが向上します。

　例えば、「私はちんぷんかんぷんだ」を英語で言おうとしたら、みなさんはどう訳しますか？

　私「は」と書いているので、「私」＝「ちんぷんかんぷん」と考えて、「I am『ちんぷんかんぷん』」としますか？これはおかしいですよね。

　日本語でよく「私は」を使いますが、be動詞と「は」は全然違います。英語のbe動詞は「＝」を表しますが、日本語の「は」は主語を示すだけなので、根本的に別物なのです。

　なんでもかんでも、「私は」と考えて、第2文型の「S［名詞］＝C［名詞］」で訳すのはよくないのです。ですから、英作文をするときには、とにかく「一般動詞」でどう示すのかを考えてみましょう。第3文型で、「S［名詞］が

O［目的語］をV［動詞］する」と訳すのがいいのです。

　具体的には、名詞を動詞にするというのがおすすめです。

　「私はちんぷんかんぷんだ」。この中で、動詞になるのはどこでしょうか？　「ちんぷんかんぷん」という名詞ですね。

　では「ちんぷんかんぷん」って、どう動詞にすればいいんでしょう？　意味を考えてみれば、「ちんぷんかんぷん」は「わからない」という意味だとわかりますよね。

　次に、「わからない」は、なんという動詞になるでしょう？

　「don't understand」ですね。だから、「I don't understand.」「I can't understand.」になります。

　または「私は英語講師だ」はどう訳しますか？「講師って、teacher でいいのかな……」などと考え出すと、なかなか訳ができません。

　でも「講師ってことは、英語を教えているってことだな」と考えられれば、動詞は「teach」以外にありません。そうすると、「I teach English.」でいいわけです。

　さて「簡単に説明する」と「名詞を動詞にする」を組み

合わせて、問題を解いてみましょう。

「にわか雨が降ってきて、びしょ濡れになった」をどう訳しますか？

「にわか雨」はなかなか難しい名詞の表現ですね。ですが、簡単に説明した上で動詞に直してみれば、結構簡単になります。

要するに、雨が降ってきたということですよね？　雨が降るというのは、動詞で「rain」になります。ということは、「It rained」が根幹にはあるはずです。

さらに「にわか雨」を説明してみましょう。「にわか雨」とは、「突然雨が降り始めること」を指します。「降り始める」、つまり「begin to rain」と訳せばいいわけです。

ここに、「突然」を示す「suddenly」を入れれば、「It began to rain suddenly.」で「にわか雨が降ってきた」になります。

さらに、「びしょ濡れになった」を考えてみましょう。「I am びしょ濡れ」で考えてはいけません。「びしょ濡れ」という名詞を、簡単に説明した上で動詞に直してみましょう。

「『濡れる』を示す動詞ってなんだろう？」と思うかもし

113

れませんが、英語ではいくつかの動詞が日本語の意味より
も広く存在しています。

例えば、ここでは「get」を使いましょう。「get」は、
「得る」「手に入れる」以外にも、「get wet」で「濡れる」
になったり、「get ready」で「準備する」になったり、「get
back」で「（家などに）戻る」になったりと、広く使うこと
ができます。

なのでここでも、「I got wet」で「びしょ濡れになっち
ゃった」になるわけですね。

「にわか雨が降ってきて、びしょ濡れになった」→「I
got wet because it began to rain suddenly.」

となります。

──❸主語を変えてみる

最後は「**主語を変える**」というテクニックです。

例えば、「この本は多くの人から評価されている」とい
う文を英訳するとします。

このとき、ぱっと見て主語になりそうなのはどの名詞で
すか？　そう、「この本」です。「This bookが評価されて

いる」という受動態の文を作るべきなのではないか、と考える人が多いでしょう。そして、「評価されている、ってどう言えばいいんだっけ……」と頭を悩ませるはずです。

でも、この文は主語を変えるだけで簡単になります。

受動態で書こうとしていたということは、主語がもう一つあるはずですよね。そう、「多くの人」です。この「多くの人」を主語にして考えてみましょう。

「Many people」が、「この本」を、「評価している」

という文が見えてきますよね。

そして、「多くの人が評価している」というのは、先ほどの1番目のテクニックで簡単に説明すると、多くの人がその本のことが「好きだ」ってことですよね。

「この本は多くの人から評価されている」→「Many people like this book.」でいいんです。

めちゃくちゃ簡単で、絶対に間違えない文になりましたよね。このようにして、主語を変えて考えてみると答えが見えてくることがあります。

また、**主語が考えにくい文については、あえてこちらで主語を補ってしまう**という方法もあります。

115

例えば、「新プロジェクトの提案会があった」を英語にするとします。

　「ある」とか「ない」とかは、基本的には「There is/There are」で表現する、と覚えている人もいるかもしれませんが、そうするとこの文は訳すのが難しくなってしまいます。

　それに、物理的に存在することと「そういう会が開催された」というのはちょっと意味が違っているように感じられると思います。

　ということで、「新プロジェクトの提案会があった」を訳すときには、主語を補う必要があります。

　ここでは、「プロジェクトの提案」を行ったのがどんな主語なのか考えてみましょう。

　もし前後の文脈から、これは「会社」が行ったものだ、となるのであれば、答えは簡単です。「The company proposed a new project.」で終わりです。

　「会社が新しいプロジェクトを提案した」と訳せばいいわけですね。難しそうに見えたかもしれませんが、実際はこんなに簡単なわけです。

　いかがでしょうか？　この3つのテクニックを駆使して、

日本語をうまく英語にしてみましょう。

——英語で意見を述べるコツ

　さて、日本語を英語にするテクニックはこれでわかってもらえたと思うのですが、もう一つ、みなさんにお伝えしておくことがあります。

　大抵の英語試験では、意見を英語でライティングすることを求められます。

　「リモートワークについてどう思いますか」「若い時から留学することに賛成ですか反対ですか」といったように、なんらかのオピニオンに対して考えを求められます。

　このとき、「英語としては正しいけれど、論理が間違っている」ということがよくあります。

　例えば、次の日本語を見てみてください。これは、私たち東大カルペ・ディエムが教えている生徒さんが、実際に英作文で書いてきた問題とその答えです。

Q：車と電車、どちらに乗る方がいいと思いますか？
A：私は、車よりも電車を使うべきだと思う。なぜなら、

**　空気が綺麗になるからだ。**

　どうでしょうか？　どこがおかしいか、わかりますか？
　「車よりも電車を使うべきだと思う」→「理由は、空気
が綺麗になるからだ」
　意味がつながっていないですよね？　意図はわかります。
おそらく「車はCO_2が排出されるけど電車はあまりされ
ない。だから、電車に乗る方が空気が綺麗になる」という
主張であることはわかります。
　でも、ここまで説明しないとわからない時点で、これは
明らかに内容点で引かれてしまうでしょう。論理の飛躍を
指摘されて×になってしまうわけですね。

重要なのは、論理的な回答です。
　論理的とは、過不足のない説明になっていることです。
例えば、こちらをご覧ください。

「日本の鉄道が朝の時間に混む理由を答えよ」
A：鉄道を利用する人が多いから
B：通勤、通学に鉄道を利用する人が多いから

C：日本は通勤通学に鉄道を利用することが多く、通勤通
学の朝の時間に鉄道を利用する人が増加するため
D：日本の電車は車内が狭く、多くの人が車内に入ること
ができないから

　これは、A〜Dまで、解答であるかないかといえば、
解答ではあります。しかし、C以外は不足している部分が
多いのです。

　この問題は、「日本の鉄道が混む理由」と、「朝の時間に
混む理由」と、2つの回答が求められています。そうする
と、両方に触れているのはCだけです。

　このように、1つの物事を説明するときに、しっかりと
詳しく説明して、過不足のない説明を心掛ける必要がある
わけですね。

　おすすめなのは、日本語では不自然なくらい、いやらし
いくらい説明することです。

　「車よりも電車を使うべきだと思う。車は、ガソリンで
走って、煙を出す。その煙は空気を汚してしまう。だから、
車が走らなくなったら、空気が綺麗になるだろう」

これくらい細かく説明するようにするのがおすすめです。

──ライティングは「間違い探し」

　ではもう一つ、英作文のライティングで大事なことをお伝えしておきます。

　それは、「**間違い探しの才能を磨くこと**」です。

　みなさんは、間違い探しをやったことはありますか？

　英作文における「間違い探し」と言えば、当然、「自分の書いている文が、しっかり英語として合っているかどうかを確認すること」です。

　ライティングをした上で、見直しとして、自分の英文に文法的な間違いがないかどうかを確認する必要があるわけです。

　ライティングにおいて、文法での点数の減点は本当に痛いです。

　なぜなら、第1章で説明したように、ライティングは配点の比重が大きいからです。

　1つの英文法のミスが、リーディングの問題の3問分に該当する、なんてこともザラにあります。

　見直しをして、英文法的なミスがないかどうかを確認する習慣をつけましょう。

　以下に、いくつか英作文の問題で間違えやすい文法ミスのある文を用意しました。どこにミスがあるのか考えてみてください。

問題1

Q　What is your plan for the weekend?

A　I am going visit my grandparents in Hokkaido. We will go to an Onsen than have a nice dinner together. I am looking forward to see them soon.

「going visit → going to visit」

be動詞+going to+動詞の原形 は、確定している未来について表す表現です。

「than → then」

"than"は比較するときに使う単語、"then"は次に何か行動を起こさなければならないときに使う単語です。つづりは似ていますが、意味は全然違いますね。混同しやすいの

で、注意です。

「looking forward to see → looking forward to seeing」

「楽しみだ」という意味の表現 "looking forward to" ですが、"to" のあとに動詞がくる場合は " ～ing" をつけて動名詞の形にします。"to" につられてつい動詞の原形にしてしまいそうになるので、注意が必要です。

問題2
Q　How have you been?
A　Not bad. I have an exam last week and now I am waiting the result. I think I did good in the exam, but I am a little nervous.

「have → had」

"last week" といっているので、これは過去形になります。

「waiting the result → waiting for the result」

「～を待つ」というときには、"wait + for ～" をセットで覚えてしまいましょう。

「did good → did well」

"good" は形容詞、"well" は副詞です。ここでは、did を修飾しているので、副詞の "well" が正解です。

問題3

Q What do you like to do in your free time?

A I like to go shop. I usually go to the shopping center near to the station. I also like play video games at home with my brother.

「go shop → go shopping」

「～しに行く」というときは、go のあとの動詞は動名詞の形をとって "go ～ing" となります。ほかにも、go fishing や go skiing が挙げられます。

「near to the → near the」

「近い」という意味を持つ単語に、"near" と "close" がありますが、"near" は前置詞を伴いません。ちなみに、この文章で "close" を使う場合は、"close to" が正解です。

「like play → like to play/like playing」

動詞が2つ続く場合は、後者は必ず不定詞か動名詞になります。"like" は、不定詞と動名詞のどちらもとる動詞なので、この場合はどちらでも大丈夫です。

問題4

There will be music festival in Chiba this summer. Many artists will come from all over the world. I am going to there. I am very exciting!

「music festival → a music festival」

単数形の一般名詞の前には、必ず冠詞がつきます。ここでは、music festival は初めて話題に上がった単語なので、冠詞は "a" を使います。

「going to there → going there」

there や here の前には、前置詞 to を付ける必要はありません。

「exciting → excited」

exciting は、わくわくするような物事を修飾するための形容詞です。ここでは、人の気持ちを表しているので、"excited"「わくわくする」という気持ちを表す形容詞が適切です。

問題5

Q Hey, are you coming to the party tonight?

A I would love to, but I can't. I have not did my homework yet, and I have to turn it in by tomorrow morning. I wish I can join you. I hope you had a great time.

「did → done」

ここは現在完了形なので、do は過去分詞の形をとります。do の過去分詞は、done ですので、ここでは done が正解です。

「can → could」

wish は現実となっていないことに対する願望を表すので、現在における実現不可能な願望を表すときには、そのあと

にくる動詞は過去形をとります。そのため、ここでは
couldが正しい形です。

「had → have」
一方、hopeは現実に起こりうることに関する希望・願
望を表します。そのため、hopeのあとにくる動詞は、そ
の文脈に適した時制に合わせます。この会話は、話し相手
がパーティーに行く前に行われているので、正しい時制は
現在形になります。

問題6

I like to have healthy food at home. My mother is very
good in cooking. Today I had lunch with my family. We
had rices, fishes, vegetables and miso soup.

「in cooking → at cooking」
「〜が得意だ」は"good at 〜"という表現になります。

「rices → rice」「fishes → fish」
riceは不可算名詞、fishは単複同形なので、常に単数形

のかたちをとります。ほかにも、hairやstaffなど、さまざまな不可算名詞があるので、単語を覚える際に確認しておきましょう。

　いかがでしたか？　指摘できましたか？
　ミスがないかどうか、しっかり見直しする習慣を持つとともに、文法的なミスを見つける目を養っておきましょう。

ライティングのコツ❷
和文英訳3つの要点

　ここでは和文英訳について述べたいと思います。

　「日本語の課題文を英語に直せ」という問題形式自体は、大学入試では頻出であるものの、英語検定系の試験ではあまり出題されません。しかし、和文英訳ができるようになっていると、英作文も上達します。

　さて、和文英訳とは与えられた日本語を英語に直す、というものです。このとき重要なのが、与えられた日本語に対して、次のようなことを考えることです。3つのステップがあるので考えてみましょう。

STEP 1
「5つの表現」をチェック

　まず「与えられた日本語を最初から最後まで一読し、このとき、目に入った次の表現に○をつけることです。

　真っ先に○をつけるべき5表現は「もの」「こと」「という」「なる」「なった」です。

　みなさんは、「ニュースによると、明日は雨ということだ」を英訳しなさいと言われたら、どう訳しますか？　この場合英訳が難しいのが、「雨ということ」の「こと」で

す。

　「こと」は普通に考えたら「thing」ですが、しかし、この文の訳は「The news said that it will rain tomorrow.」になります。「こと」が影も形もなく消えているのがわかりますか？

　そうなんです。「もの」「こと」「という」「なる」「なった」。

　この5つの表現は、日本語固有の表現であり、英語に訳せない表現なのです。

　この5つの表現が出てきたら、まずはここに○をつける習慣をつけましょう。こうすれば、あとから変な訳をすることがなくなるのです。

STEP 2
「日本語らしい表現」をチェック

　2つ目は「もう一度、文を注意深く読み直し、『日本語らしい表現』だと思うものに○をつけること」です。

　例えば、「欠点に気付いていても知らん顔をするのが世間というものなのだ」という文を訳すとなったとします。

　このとき、「世間」ってみなさんは訳せますか？　おそ

らくですが、「ちょっと難しい」となると思います。

　それもそのはずで、「世間」は日本語的な表現であり、世間という日本語が示すのは、「人間は一般的に」というくらいの意味です。

　ということは、ここで書くべき英語は何かわかりますか？

　そう、「people」を主語にして書いてしまえばいいのです。

　なので「気付いていても知らん顔をするのが世間というものなのだ」は、簡単に言えば「peopleは、気付いていても知らん顔をする」と書くことができるわけです。

STEP 3
直訳が難しいものをチェック

　3つ目は「『直訳すると変な英語になるのではないか？』と思うところに○をつけること」です。

　例えば、上記の課題文にある「知らん顔をする」は、このままでいいでしょうか？

　「顔をする」を直訳しようとすると、「顔だから face ？」と考えてしまいます。それではいけませんね。

　「知らん顔をする」というのがどういう意味なのか、しっかり考えてみましょう。

　英語の勉強をしていると、自分の語彙が不足していることや、勉強不足を嘆くことが多くなってしまいます。

　しかしそうすると、試験場でも、「わからない！」と逃げる「逃げグセ」がついてしまうんですよね。

　そうではなく、「自分の単語のレベルでも書けるはずだ！」と信じることが、試験本番では何よりも大切です。

　そして、試験場でできるようにするには、日頃の問題演習の段階から、試験本番を想定して練習する他ないと言えるでしょう。

　さて、「知らん顔をする」に近い意味を持つ英単語で、書きやすいものって何があるでしょうか。

　パッと思いつくかはわかりませんが、「ignore（意図的に無視する）」があります。だから、「People ignore」となります。あとは目的語を順番に訳していって、「People ignore the faults even if they are aware of them.」が正解になります。

　さて、この３つのステップを踏んだ上で、訳をしていくようにしましょう。

特に○がついているところに注意しながら訳を作っていけば、きちんと点数が取れるはずです。

　では以下の下線部の和文英訳に挑戦してみましょう。

　「え、私がお父さんの分のチケットを買ってくるの？<u>そんなの、自分で行けばいいものを</u>」

　この場合、「もの」というのは要チェックですね。その上で、「いい」というのもなんだか直訳が難しそうです。「自分で行けばgood」という意味ではないのです。
　この２つに注意していけば、答えが見えてくると思います。
　しかしそのときに、もう一つだけ注意しなければならないことがあります。
　それは、**下線が引かれていない日本語文です**。ここでは、「え、私がお父さんの分のチケットを買ってくるの？」ですね。
　これを踏まえて考えると、自分で「買いに行けば」いい、という話なのだということがわかりますから、「He should

buy tickets for himself.」が正解になります。

　「え、私がお父さんの分のチケットを買ってくるの?」には、たしかに下線が引かれていません。ですから、文を訳す必要はありません。

　でも、「なぜ問題文に添えられているか」を考える必要があります。

　早い話が、**下線を訳す上でのヒントになるから添えられている**のです。

　だって、いらないんだったら、載せる必要ないですよね?　不必要なものを印刷することはないはずです。

問題用紙に書かれていることにはすべて意味があります。

　存在している文には存在しているだけの理由があるわけですね。

　和文英訳は、英語の表現だけができればいいわけではありません。

　「日本語文を読み、その意図を英語でどう表現するか?」を考えて、英語で表現するのが和文英訳なのです。すなわち**日本語の読解力も大切**ということですね。しっかり肝に銘じておいてください!

リスニングを突破する「5つのステップ」

　ではここからはリスニング対策についてお話ししたいと思います。

　リスニング問題の9割5分は「音声が流れて、その音声を聞いて選択肢を選ぶ形式」です。

　例外は、ディクテーションといってリスニングの音声を聞き取って言葉を埋める問題や、英作文と紐付いた「リスニングの音声を聞いてあなたの意見を書きなさい」といった問題ですが、ほとんど出題されないので基本的には「選択肢を選ぶ問題」の対策をすればいいと思います。

　さて、そんなリスニング問題において重要なのは、**推測・予測する力を高めること**です。

　実はリスニングは

始まる前に9割方勝負が決まっているのです。

　「始まる前ってどういうこと?」と思うかもしれませんが、これは音声が流れ始める前に、そもそもどんな内容が流れるか予想をつけておかないといけないということです。

　この点を意識せず推測する練習・対策を全然していないケースがとても多いです。

「え、流れる前に予想をするって、超能力でも使ってんのか!?」と驚く人もいるかもしれませんが、そうではありません。

実はリスニングは「**問題文と選択肢を読み、会話の予測をすること**」が大事になるのです。

リスニング問題が流れ始める前には、ちょっとした時間があります。

例えば問題形式の説明をしているときとか、前の問題を解き終わった後のちょっとした時間などですね。

この時間で、問題文と選択肢を読み、「どんな音声が流れるのか」について、リスニングの音声を予測してみるわけです。

こうすることで、「どういうテーマの、どんな話で、何を聞き取れれば点数につながるのか」がわかるようになります。

では実際に、問題文・選択肢を読んでどう予想をしていくのかお話ししたいと思います。せっかくなので問題形式にしてみました。ちょっと挑戦してみてください。

「Why, according to the speaker, was Deep Blue able to defeat Kasparov in chess?」

A：Kasparov did not take the match seriously.

B：Deep Blue was receiving help from some human experts.

C：Deep Blue's processing power was too much for Kasparov.

D：The stress of playing against a computer was too much for Kasparov.

A〜Dの選択肢は（　　）というチェスをする機械が（　　）というプレーヤーを破ったのは（　　）であるか、という問題文に対するものである。

選択肢を読むとAは「Kasparovが（　　）試合をしなかったから」。Bが「（　　）が人間の（　　）から助けを受けていたから」。Cが「（　　）の（　　）がKasparovにとって高すぎたから」。Dが「コンピュータと試合をするストレスがKasparovにとって非常に大きかったから」。これが問題文からわかることである。

> **答え：前から順番にDeep Blue、Kasparov、なぜ、本気**
> **で、Deep Blue、専門家、Deep Blue、処理能力**

　では、解説をしていきます。選択肢からリスニング内容を推測するためには、5つのステップが必要です。

STEP 1
キーワードに線を引く

　まず、どのように問題文を読めば、内容について予想できるのかというと、簡単に言えば「**キーワードをピックアップする**」という方法がかなり有効です。

　キーワードには3つの種類があります。

　1つは、登場する固有名詞。人の名前や地名ですね。

　次に動詞。「何をしたのか」を理解できるように、動詞には線を引くとわかりやすいです。

　最後に、too・a little・fewなどの、数量や内容に関する副詞です。

　この3種類のキーワードにそれぞれ線を引いていきます。

　今回であれば、問題文のDeep Blue と defeat Kasparov に

は線をひきましょう。

　Aでは「Kasparovとnot seriously」に、Bでは「Deep Blue
とhelp」に、Cでは「Deep BlueとKasparovとtoo much」に、
Dでは、「too muchとKasparov」にそれぞれ線を引きまし
ょう。

名詞から内容を想像する

　こうして線を引いたら、考えられるストーリーについて、
想像していきます。

　とりあえず今回の場合、問題文のヒントが大きいですね。
「chess」がテーマであり、「defeat Kasparov」ということは、
「Kasparov」がチェスで負けた話なのだということがわか
ります。

　さて、「Kasparov」さんって、男の人でしょうか？　女
の人でしょうか？

　これは難しいかもしれませんが、ロシア人の友達がいる
人などは、「Kasparov」さんが男性だということがわかる
はずです。

　「Kasparov」さんについて、次の選択肢やリスニングの

音声では、違う表現で説明していると想像できる人は、リスニングの推測力がついています。

リスニング中に「he」とか「the man」といった代名詞・名詞に切り替わっても、「ああ、Kasparovさんのことだろうな」と聞き取ることができるわけですね。

STEP 3
動詞から内容を想像する

次は動詞です。**リスニングにおいて、動詞はとてもとても重要**です。リーディング対策でお伝えしたように、動詞は意味の中核になる部分だからです。

日本語で考えてみましょう。

例えば、「私は昨日彼女と話した」と言われたとして、「昨日彼女と話した」「私は昨日話した」なら、なんとなく意味がわかるはずです。

ですが、「私は昨日彼女と」で話が終わってしまったら、どうでしょう?

何を言っているかわからないですよね。「話した」という動詞が、この文全体の文脈を決めてしまっているのです。

これは英語にも当てはまります。

例えば、「I studied English yesterday.」という音声を聞くと想像してみてください。。

　この中で、主語の「I＝私」は聞き逃してもなんとかなるのではないでしょうか？

　前後の文脈で大体誰が言っているのかわかりますし、聞き逃したということはそこまで特徴的な名前の人物ではないことは明らかだから、「まあ、私かあなたか、どっちかだろうな」とわかります。

　次に目的語の「English＝英語」ですが、これも「study＝勉強する」が聞き取れていたらなんとなくわかるかもしれません。

　「勉強する」ものであるわけですから、英語や数学など、そういった科目なんじゃないかと思うはずです。「yesterday＝昨日」というのも、聞き取れなくても studied が過去形ですから、「過去の話をしているんだろうな」というのはわかるはずです。

　でも、動詞の studied だけは、聞き逃したら全く話が見えなくなってしまいます。studied を聞きそびれてしまうと、「え、私が何をしたの？」「昨日なんかしたのはわかったけど、何をしたんだ？」と、話の本筋が全く見えなくなっ

てしまうのです。

　というわけで、動詞はリスニングにおいて非常に重要なのです。

　そして、ここからが重要なのですが、選択肢の動詞を確認していれば、「その人が何をしていたのか」がわかると思います。

　その上で、その動詞をしっかりと日本語として理解しておいてください。

　大抵の場合、選択肢の動詞というのは、そのままリスニングで話されることはありません。リーディングと同様に、異なる表現になっていることがほとんどです。

　「study」が選択肢なら、「learn」という動詞に変換されていたり、「teach」が選択肢なら、「instruct」「inform」という動詞に変換されていたり。同じ意味の動詞に変換されていることがほとんどです。

　なので、とにかく動詞を確認した上で、「どんな動詞に言い換えられているか」を考えていくようにしましょう。

　上記の例題なら「help」です。「助ける」という意味の動詞は、「aid」や「assist」などがあります。そして、リス

ニングを聞くときに「これらの動詞が流れるんじゃない
か」という想像をしながら聞けばいいわけです。

副詞から内容を想像する

　最後のポイントは、副詞です。文法を考えるときにはそ
れほど大事ではなかった副詞ですが、リスニングのときに
は非常に重要です。

　不正解になるパターンというのは「言いすぎ、不足」と
いった誤りの選択肢になります。

　副詞を使って、表現の強弱や、程度の表現を上手に利用
して問題を作ることができるわけですね。

　今回も too という表現が2つの選択肢で出ています。too
much は「過度なほどに」という意味になるわけですが、
本当に過度なくらいなのかを考えるようにしましょう。

　例えば「Kasparov は機械との対局が怖すぎて、途中で一
度、退席してしまった」とリスニングで流れたら、機械と
の対局のストレスは「とても」大きかったと十分言えます
よね。ただ、なんとなく too があるな、と考えるのではな
く、具体的にどのようなシチュエーションだったら too と

142

言えるのか考えながら問題文を読んでみましょう。

STEP 5
総合して「パターン」を考える

　さて、ここまで来たら最後は総合的に考えてみましょう。問題文と選択肢から、大雑把なテーマを考えてみましょう。

　例えば、「友達の重要性について、筆者はどう述べているか」と書いてあったら、何を予想できますか？

　「友達が重要であるということを語るんだな！」と準備ができるのではないでしょうか。

　もっと言うなら「友達はいらないという人もいるかもしれない。でも、自分は友達は重要だと思うのだ」と論が展開されていくんじゃないか、とぼんやり予想できるはずです。

　もしリスニングの勉強を効率的に、手っ取り早く済ませて高得点を取りたいのであれば、この「**予測力**」を高めましょう。

　さて、このパターン予想のためのポイントを紹介しておきましょう。

143

それはリーディングと同じで、**リスニングにもパターンがあって、そこから話の流れを予想できる**ということです。

　主に、3つのパターンがあります。

・AさんとBさんの会話

　大抵間にアクシデントが入って、「Aさん、○○を買い忘れているよ！」「Bさん、それ間違ってるよ！」などという話が入る

・Aさんが主張をして、Bさんがツッコミを入れつつ「つまりこういうことだね」と要約をしてくれる。

・AさんとBさんがディスカッションをして、一つの結論を出そうとしている

　大抵の場合、どちらが正しいということではなく、「どちらも大事なんだね」「どちらにもメリット・デメリットがあるんだね」と、玉虫色の解答に行き着く

　この3つが王道の会話ネタです。

　これを理解しておくと、問題文を読んで、「ああ、今回

はＡさんとＢさんがディスカッションしてるんだろうな」
「Ａさんがおそらくこういう主張をしたいんだろうな」と、
予想を立てておくことができるのです。

　そして後は、予定調和的に「はいはい、Ａさんはこう言
いたいんだね。予想通りだな」と、答え合わせのように聞
くことができるわけです。

　リスニングは、このように、リスニングが流れ始める前
に9割決まっています。第1章で過去問分析の重要性を強
調したのも、予測力の精度を上げるためです。

　この5つのステップでリスニングが始まる前に準備をし
ておきましょう。

リスニングは 大事なところだけ聞く

　さて、こうして準備した上で、実際にリスニングの音声
を聞いていくわけですが、このときに重要なことが一つあ
ります。

　それは、**全部を聞こうとしないこと**です。

　日本人は完璧主義で、「漏らさず話を聞いて、内容を理

解しなければ！」「ちょっとした1単語が正解につながるかもしれない！」なんて考えがちです。

でも、その心構えでリスニング問題を聞いているとあんまり点数につながらないんですよね。

みなさん日本語で考えてみてください。校長先生の話をずーっと1単語も漏らさずに聞いている人っていませんよね？

重要なポイントだけを聞いて、「大体こういう話なんだな」と理解していると思います。

これと同じで、

リスニングも重要なポイントだけを聞けばそれでいいのです。

では、リスニング問題において「聞くべき重要なポイント」とは何か？

まずはみなさんもうご存じの通り、「**問題文を読んで見えてきたポイント**」です。

「ここを聞き取れば正解になるはずだ」というポイントを見つけて、そしてそこから逆算して、リスニングしていくことで、点数になるわけですね。

そしてもう一つが、「**最初の2単語**」です。どんな文で

も、最初の2単語を聞き取るようにしていきましょう。

　最初の2単語。これは、どんな英文を作るときでも必要な、「**主語**」と「**動詞**」を指しています。

　英語は5文型で作られているというのは、すでにご説明した通りです。

　「SV/SVC/SVO/SVOO/SVOC」ですが、すべてに共通する要素として、「S＝主語」「V＝動詞」が入っています。

　つまり、どんな文でも「主語」と「動詞」はあるのです。

　そして、主語と動詞がわかれば、大体物事はわかります。「I read this interesting book which is mine.」という文があったとして、最後の方の「mine」とか「book」とかそういう単語を聞き取れなかったとしても、「I read」さえ聞き取れていれば「私は読んでいる」ということはわかります。

　英語の試験で出題される「読むもの」なんて、本やニュースくらいのものです。

　最初の2単語さえ聞き取れていれば、話の流れ自体は大体想像がつくわけです。

　さて、ちょっとした訓練です。みなさんは次の文の中で主語と動詞はどれかわかりますか？

　「When I went to the toilet in school yesterday afternoon, I

met Tom and he was wearing a green jacket.」

　3つありますね。「I went」「I met」「he was wearing」です。これだけが聞き取れたとしたら、「私がどこかに行って、私は誰かに会って、そしてその誰かは何かを着ていたんだな」ということがわかります。このように、大体の話の流れが想像できますよね。

　ということで、主語と動詞に注目していれば大体の流れがわかりますので、そこに注目する聞き方をしていきましょう。

　リスニングでは、親切に音声が2回流れてくる場合も少なくありません。

　この際に、1回目は大体の話の流れを理解し、2回目で問題を解く、というのも一つの方法です。

　そう考えると、**最初の1回目で主語と動詞に注目する聞き方**をして、**2回目で細部を聞いていく**というテクニックを使うのもおすすめです。

　何回か実践しているうちにできるようになるので、ぜひ練習してみてください。

正解をもぎ取る
英語試験の「裏ワザ」

Chapter3

選択肢から
正解を見抜く裏ワザ

　第3章では、試験が得意な東大生たちがこれまで実践してきた「裏ワザ」を紹介していきます。

　これまでにも度々書いてきているように、本書は「英語力をつけたい」と思っている人のための本ではありません。「英語の試験で点が取れればいい」という人に向けた本です。

　「本当の英語力が身についているか」「英語圏のネイティブとスラスラ話せるか」などといったことは二の次で、**とにかく試験をパスできればOKという趣旨**なのです。

　そういうわけで、「**ちょっと怪しいテクニック**」も紹介してしまいます。

　「このテクニックを多用しすぎたせいで、試験で英語の実力が測れなくなった！」なんて苦情は受け付けません。用法用量を守り、正しくお使いくださいませ。

　もちろん、すべての問題をここで紹介するテクニックだけで解くのは無理です。しかし、ちょっと迷ったとき、最後の1〜2分でどうにかあがくときなどにはとても有効です。

選択肢を見るだけで
正解を予測する裏ワザ

　まずはリーディング・リスニングの選択肢問題で使える
裏ワザを紹介します。

　選択肢問題は、記述問題と違って、当てずっぽうでも当
たる可能性があります。ですから、大事なのは答えがわか
っているかどうかではありません。

選択肢をいかに削れるかが勝負です。

　例えばこの問題を見てください。この問題は、早稲田大
学で2015年に出題された英語の選択肢問題です。

第3章　正解をもぎ取る　英語試験の「裏ワザ」

> **下線部（5）が指すものについて、本文は何と言って
> いるか。答えとして最もふさわしいものをa〜eから
> 一つ選べ。**
>
> a. オスの精子によく似ているため、顕微鏡を使わない
> 　 と区別できない。
> b. オスの精子によく似ているが、遺伝的には異なるプ
> 　 ログラムがされている。

c.オスの精子と同じように遺伝的にプログラムされて
　いるかどうかを調べる方法が一切存在しない。
d.オスの精子と同じように遺伝的にプログラムされて
　いるかどうかはっきりさせることが難しい。
e.オスの精子と同じように遺伝的にプログラムされて
　いることが確認されている。

【早稲田大学教育学部 2015年 英語】

　どんな英語試験でも、このような「文章を読んで答えを
出しなさい」系の問題は頻出ですが、わりと多くの場合、
選択肢を見るだけで答えが導けることがあります。
　みなさんは、この問題の正解はどれだと思いますか？
と聞かれても、混乱しますよね。
　「え、文章を読んでいないから、わからないよ」と。
　でもこれ、正解を選べます。正解はdです。
　**これくらい東大生なら文章を全く読まなくてもわかりま
す。**
　「ええ!?　なんでそんなことが言えるの？」と思うかも
しれませんが、それこそ裏ワザを使えば簡単に答えが出せ
るのです。

　まず、長文問題の選択肢問題における鉄則があります。

断定系の選択肢というのは正解になりにくいです。

　「絶対にこうだ！」「間違いない！」系の選択肢は、間違っている可能性が高いのです。

　例えば選択肢aでは、「顕微鏡を使わないと区別できない」と書かれています。

　しかし、「区別できる可能性は万に一つもないの？」と聞かれたら、どうでしょうか？

　「使わないと区別できないって、本当にそうなの？　例外はないの？」と聞かれて、答えられないようなものが正解になるわけはないのです。

　多くの人が受ける試験なのですから、万に一つでも間違いがあってはいけないわけです。

　ですから、**絶対に正解になるもの以外は、正解にならない**のです。

　その理屈で言うと、cの「一切存在しない」も「本当？」って疑いたくなりますよね。

　一切存在しないということは、一つでも例外があったら当てはまってしまうということです。

唐突ですが、みなさんは、北海道でパイナップルを育てることはできると思いますか？　〇か×かで答えてください。

　正解は、〇です。

　「え！　北海道って寒そうだし、育てることなんてできないんじゃないの？」と思うかもしれませんが、ビニールハウスでも作って、暖かい部屋を作ってその中で1つでもパイナップルを育てれば別にできなくはないですよね。

　北海道で一軒でもパイナップルを育てていれば、99.9%不可能であっても、「可能である」ということになってしまうのです。

　このように、**例外が1つでもあれば、〇になってしまう選択肢というのは、とても脆弱**なのです。

　なぜなら、ほんの1つでも当てはまるもの・当てはまらないものがあれば、正解にならなくなってしまうからです。

　逆に、**正解になりやすいのは、曖昧で、「どちらとも言えない」ような選択肢**です。

　例えば、「〜するのは難しい＝It is difficult that 〜」「〜かどうかはわからない＝You won't know whether A or B」などの表現が使われているものが正解になりやすいのです。

曖昧で、否定し難いからです。

　そう考えると、「bプログラムがされている」「e 確認されている」というのも、ちょっと強い表現です。

　その中でdは、「はっきりさせることが難しい」と、かなり曖昧な表現になっています。

　「はっきりさせられない」ではなく、「はっきりさせるのが難しい」と言っているのもいいですね。

　曖昧で、はっきりさせる方法があったとしても「そういう方法もあるけど、難しいことには変わりない」と言えてしまいます。

　dは、このように他の選択肢と比べて一番曖昧なことを言っていて、かつ他の選択肢の主張と方向性をそこまで違えていない。

　よって、これが一番ありうる正解なのでは、と推測できるわけです。

　ちなみに、cは本当に、**絶対に選んではいけない選択肢**です。**cを見て「これじゃないかな」と思った人は反省してください**。全くそんなことはありません。

なぜなのか、具体的に説明しましょう。

　cがもし正解だと仮定すると、「遺伝的にプログラムされているかどうかを調べる方法はない」ということになりますが、dを見ると「遺伝的にプログラムされているかどうかはっきりさせることが難しい」と書いてあります。

　これ、cが正解なら、dも正解になると思いませんか？

　だって、「プログラムされているかどうかはっきりさせる方法がない」んですよね？

　ということは、当たり前ですが「プログラムされているかどうかはっきりさせることが難しい」んじゃないですか？　cが正解なら、dも正解になってしまう。

　5つのうち2つが正解になることはないでしょうから、cだけは絶対にあり得ないんです。

　このように、選択肢をよく読めば、「これはないな」という選択肢を削ることができるようになります。

　ここでは、このような選択肢消去の裏ワザを3つ紹介しておきましょう。

───❶言い切っている選択肢を消す

まずは、「言い切っている選択肢を消す」です。

こちらの問題をご覧ください。

(20) **According to the instructor, the transcript of the audio recording**

　a) **can be misleading.**

　b) **can never be used in court.**

　c) **is fairly reliable.**

　d) **is usually of very poor quality.**

　e) **must be presented to the court.**

【東京大学 2022年 英語 大問3 (20)】

　これは、東大英語のリスニングの問題です。東大の問題であっても、先ほどのテクニックが使えます。

　英単語の意味がすべてはわからなかったとしても、それぞれの選択肢の方向性はわかります。

aは can＝かもしれない。

bは never＝あり得ない。

cは fairly＝なかなか。

dは usually＝いつも。

eは must＝違いない。

となります。

このうち、2つは言い切りすぎているので選択肢として削ることができます。

それは、bとeです。never / must は表現として強すぎます。「あり得ない」というのは、1つでも例外があればダメなことを示していますし、must も「違いない」と断言をするのはなかなかリスキーでしょう。

それに対して、「can＝かもしれない」というのは、否定しにくいですよね。「こうかもしれない」という言葉に対して、「絶対にそれはあり得ない！」とは言い難いと思います。

「そうかもしれない」というのは、「可能性がある」ということ。

0.1％でも可能性があれば「そうかもしれない」のです。

それに対して、「あり得ない＝可能性がない」というのは、0.1％の可能性もないということです。

　そんな風に完全に否定することって、なかなかできないですよね。

　このように、断定した表現でなく曖昧な表現を探す訓練をしていると、選択肢をうまく消去することができるのです。ちなみにこの問題の答えはaです。

【曖昧な表現の例】

can／may／probably／perhaps／possibly／can say that／

【断定する表現の例】

must／completely／perfectly／absolutely／

be tend to ＝ have a tendency to ＝する傾向がある

gone ＝なってしまった／done ＝やってしまった

❷常識的に考える

　次は、「常識的に切れる選択肢を捨てる」です。こちらの問題をご覧ください。

B 次の英文は、テレビゲームの影響について、クラスで行われたディスカッションの一部である。文中の（　）に入れるのに最も適当なものを下の1～4のうちから1つ選べ。

Moderator : More and more young people are fascinated by video games. These games influence teenagers both positively and negatively. Today, I would like to invite your opinions on this topic.

Brian : Thank you. I'd like to express my view on video games. Sometimes, teenagers who enjoy playing video games seem likely to attempt the tricks that they see. This could lead to serious injuries. On the other hand, playing certain video games allows people to gain skill in using their eyes and hands at the same time. Having such skills can help young people increase their enjoyment of sports activities.

Moderator : So, Brian, you are saying that video games are helpful in (　).

1. developing concentration
2. getting serious injuries
3. improving physical responses
4. promoting eyesight

【大学入試センター試験 2007年 英語 第3問B】

　この問題は、Brian の発言を読んで、Brian が言ったことを一言でまとめる選択肢を選ぶ問題です。

　さて、この中で2つ、「これは削れるだろうな」という選択肢があります。「②getting serious injuries」「④ promoting eyesight」です。

　これを訳すとそれぞれ、「深刻な怪我をする」と、「視力が良くなる」です。

　今回の問題文は、英文の内容が最初に日本語で説明されていますが、ビデオゲームについて触れていますね。そしてこの問題は、「ビデオゲームは○○の役に立つ」の「○○」の部分に当てはまる言葉を選ぶというものです。

　でもその中で、よく考えてみてほしいのですが、「④ビデオゲームやって目が良くなる」ってあり得ると思います？

　いや、絶対あり得ないですよね。

　だってよくビデオゲームをやったら視力が低くなるって言われているじゃないですか。

　それなのに、「ビデオゲームをやったら目が良くなる」というのは考えられないと思います。

　同じ理由で、「②ビデオゲームをすると重大な怪我をす

る役に立つ」もおかしいです。

　これは「helpful（役に立つ）」と「injuries（怪我をする）」のつながりの悪さがわかれば理解できると思います。

　「怪我の役に立つ」って、日本語で考えても意味わかりませんよね。

　あともっと言えば仮にその部分がクリアできたとして、「ビデオゲームは重要な怪我につながる」って、ちょっとおかしくないですか？　ただビデオゲームやっているだけで、なんでそんなことになるのかわからないはずです。

　残りも見ていきましょう。

　「① developing concentration」、つまり「集中力が上がる」は、可能性があります。

　「ビデオゲームに熱中して、集中力が上がるんだ」ということ、ありそうな気もします。

　「③ improving physical responses」、つまり「動体視力が上がる」も、大いに可能性があると思います。

　確かにスポーツゲームやシューティングゲームで、動体視力が上がることも考えられます。

　ちなみに、この③を見て「あ、④って引っかけなんだろうな」とわかります。

　「動体視力」が上がるのを、「視力」が上がる、という引っかけで釣ろうとしているわけです。

　「こうやって引っかけ選択肢があるってことは、この問題って③が正解かな」なんて考えられるようになれば、みなさんも**免許皆伝**かと思います。

　良い機会なのでお伝えしておくと、英語の問題における「間違い選択肢のパターン」は下記のようになっている場合が多いです。

1　正解
2　正解に近い言い回しの引っかけ
3　問題文から考えると十分考えられるもの
4　絶対選んではいけない不正解

　そして、今回の場合は、

「1　正解　③」
「2　正解に近い言い回しの引っかけ　④」
「3　問題文から考えると十分考えられるもの　①」

「**4　絶対選んではいけない不正解　②**」

となります。

そして2がわかったら、1も自動的にわかるというわけですね。こうやって、引っかけ選択肢に気付けるようになると、英語試験も楽勝になってくるでしょう。

❸事実でないものを消す

さて、最後は「事実と意見の違い」です。

「文章の中から読み取れる『事実』を答えなさい」という問題が最近は頻出になってきています。

こういった問題に答えられるかどうかは、事実と意見の違いを理解しているかどうかが重要なポイントになってくると言えます。

例えばこの問題。

問4 Dr Berger is basing his new policy on the <u>fact</u>
that（　）.

① going home early is important

②　**safety in the city has decreased**
③　**the school has to save electricity**
④　**the students need protection**

ご丁寧にfactに線が引かれていますね。

みなさんは一体どれが正解でどれが不正解になりやすいかわかりますか？

「fact」、つまりは「事実」です。

これとよく対比されるのは「opinion」、つまりは「意見」です。

この2つは、まるっきり別のものだと言えます。

事実は、**誰の目から見ても明らかな数字**のことを指します。

その数字自体には何の色もなく、ただの数字でしかないもの。客観的なもので、主観的なものではありません。

対して意見は、**その事実から一歩進んで、その事実にカラーをつけたもの**です。主観的なもので、客観的ではありません。

当たり前だと思うかもしれませんが、これを混同してしまっている人は多いです。

何か一つの事実を見て、それに勝手な解釈を加えた自分の意見を、さも「明らかにそういうデータがある」というように語ってしまう人が多いのです。

　2chの創設者の西村ひろゆき氏は、「それってあなたの感想ですよね」というセリフをある番組でコメントし、この言葉が若者の間で流行しました。

　この言葉通り、「感想」であるにもかかわらず「事実」と混同して話をしてしまう人が多いのです。

　このことを理解すれば、この問題の答えも見えてきます。

　まず、①は天地がひっくり返っても正解になり得ません。

　だって、「important＝重要」は事実ではありませんから。それこそ、「これが重要だという事実がある」と言っている人がいたら、「それってあなたの感想ですよね」と返せるでしょう。

　何度も言いますが、事実は「客観的」でなければなりません。

　ひろゆき氏はこの発言の後、「なんかそういうデータとかあるんですか？」と言いました。「データ」は客観的で、「重要」は主観的というわけです。

そう考えると③も「しなければならない」ですが、これも間違いの可能性が高い選択肢です。

「しなければならない」って、客観的なデータというよりも主観的ですよね。

とはいえ、この時点ではこの選択肢は切れません。というのも、これが「must」であれば1秒で選択肢を切っていいのですが、have to は「客観的に見てそうした方がいい状況」を指す言葉です。

「君は頑張らなきゃならない」は主観的だから、must が使われる傾向があります。

逆に「明日までにこの書類を提出しなければならない」は客観的なニュアンスが含まれ、「have to」が使われます。

この場合、「書類の提出」は一応「事実」と言っていいでしょう。

だからこの場合は③も、「怪しいけど、もしかしたら正解かも？」という選択肢になります。

④も、怪しいけど切れません。

パッと見て「生徒がこういうのを必要としている」のって、「主観的な意見なのでは？」と思うかもしれませんが、

そういうデータがあるかもしれません。

　「生徒の70％がこんなことを考えているというアンケート結果がある」などのデータがあれば正解になり得ます。

　逆に言えばそういう英文がないのであれば絶対間違いなので、それを探していけば正解かどうかはわかります。

　と、こんな風に解説してきたわけですが、私たちとしては、この問題を見た時点で「②じゃないかな」と考えます。

　「decrease」は「減っている」という意味の動詞ですが、「減っている」というのはデータを示す言葉です。

　「増えている」「減っている」「小さくなっている」「大きくなっている」というデータを語る言葉が入っているのであれば、「事実」として機能する可能性が高いわけですね。

　このように、その言葉が本当に事実なのか、それとも事実ではない主観的な意見なのか、しっかりと明確に見抜く目を持っておかなければなりません。その目を持っておけば、選択肢を削ることができるというわけですね。

ライティングで使える
裏ワザ

さて、選択肢問題だけではなく、ライティングにも1つ使える裏ワザがあります。

それは、**使いやすい表現を覚えておいて、それを使い倒す**というものです。

どういうことか説明する前に1つみなさんに日本語の例をお出ししましょう。

昔、「それな」という若者言葉が流行りましたね。

どんなことを言われても、「それな」で誤魔化せる、という触れ込みで、いろんな若者が多用したのです。

「あいつ最近感じ悪いよね」「それな」
「ちょっと暑いから、カフェとか入らない？」「それな」
「最近気分が下がること多くって〜」「それな〜」

といった具合に、「それな」は、何を言われても返せる「万能の日本語」だったのです。

何を聞かれても、「それな」で返事できるというものだったわけです。

みなさん、この「それな」に相当する英語表現を覚えておけば、どんな英語の問題も怖くないと思いませんか？

どんなことを聞かれても、その表現で返せるというものを覚えておくことができれば、英作文問題は格段に簡単になるのです。

　1つ例を挙げましょう。

　「**視野が広がる　broaden your mind［horizon］**」です。

　「自分の世界が広がって、視界がひらけたような気分になること」を指す表現です。

　一見普通の表現ですが、これ、かなり使いやすいです。

　例えば、「旅行についてどう思いますか？」という問いに答える英作文の問題があったとしましょう。

　これをイチから文を考えて答えるのは大変です。

　ですが、先ほどの「視野が広がる　broaden your mind［horizon］」を丸暗記していたとします。

　そうすれば、「To travel abroad broadens my mind.」「海外旅行は私の視野を広げてくれる」と書くことは簡単ですね。英文法上のミスをする心配もありません。

　また、「あなたの好きな科目はなんですか？」という英作文の問題があったとしましょう。

　これも、「It is English. It broadens my mind.」「英語です。英語は私の視野を広げてくれる」と書くことができるでしょう。

　もっと言えば、**わざと誘導するという手**もあります。

　「リモートワークについてどう思いますか？」という英作文があったとして、真面目に答えるのは難しいです。

　でも、この表現を使えば、「I think working outside broadens my mind.（外で仕事することは、私の視野を広げてくれる）」と書くことができますよね？

　「この絵をどう思いますか」「視野を広げてくれると思います」

　「60歳になったら何をしたいですか」「海外に行って視野を広げたいです」

　「子どもができたらどんな教育をしますか」「視野を広げてあげたいです」

　なんでもこの文で返すことができるわけですね。

　しかもこの文、適度に難しい表現なので、ちょっとおしゃれで、多くの採点者に「ああ、この人は英語をしっかり

と知っている人なんだな」という印象を与えることができます。

　丸暗記しておけばミスすることもないですし、文字数もある程度稼ぐことができます。

　「どんな問題にもこう答えればいい」という表現をいくつか持っておくことで、理論上は絶対に間違えない英作文を書くことができるようになるのです。

　もちろんこれは理論上の話です。現実的に考えて、どうしても使えないときもあるかもしれません。

　ですが、そういう表現を覚えておくだけで、ちょっと心強くなると思いませんか？　最終手段があるというのは、試験の緊張を和らげてくれると思います。3つ紹介するので、ぜひ覚えておいてください！

おすすめ表現① 「視野が広がる」

broaden your mind ［horizon］、または develop your point of view

→develop は、「発展する」と日本語では訳されますが、英語ではもっと意味が広く、「スキルアップする」という意味で使われます。「develop my English skill」なんて具合に

使うことができるのです。

【例】

私の視野が広がる broaden my mind

多くの人の視野が広がる broaden a lot of people's minds

おすすめ表現② 「Aは〜を可能にしてくれる」

This A enable me to 〜

→Aは「〜を可能にしてくれる」という表現です。

Aに入るのは、人でもいいですし、モノでもいいです。

英作文で「これについてどう思いますか？」と聞かれて、

「これはこういうことを可能にしてくれる」というように

使うのがおすすめです。

【例】

私の高校のおかげで、私は友達を作れた。

My high school enabled me to make a lot of friends.

留学のおかげで、私の視野が広がった。

Studying abroad enabled me to broaden my mind.

おすすめ表現③ 「もしこのまま物事が進んだら」

If things go on like this, we will...

→If節を使って、「もしこの状況が続いたら、」と表現します。「この状況・物事」を「things」という英語で示すことができ、英作文問題では「このまま少子化が続いたら」のように使いましょう。英作文では、なんらかの問題やデータを出してきて「これについてどう思いますか」と問う問題が多いです。「地球温暖化がこのまま続いたら」みたいな感じですね。

【例】

If things go on like this, we can not live in Japan.

注意：このとき、直接法を使うと「If 〜 go」「we can/will」となりますが、仮定法であり得ない未来を語るなら「If 〜 went」「we could/would」としてください。

★ ★ ★ ★ ★ ★ ★ ★ ★ ★

第 **4** 章

TOEIC®・TOEFL®・英検®
三大英語試験の対策

Chapter4

★ ★ ★ ★ ★ ★ ★ ★ ★ ★

TOEIC®の概要と対策

　第4章では、TOEIC、TOEFL、英検という日本で受験者が多い「三大英語試験」について、概要と対策法を解説していきます。

——TOEIC®とは、どんな試験なのか?

　就職や大学院進学などで必要になることが多いTOEICスコア。特に就職活動においては、英語力を示す重要な指標として用いられています。

　では、TOEICとはそもそもどのような試験なのでしょうか。"TOEIC"は、Test of English for International Communicationの略です。

　すなわち、国際的なコミュニケーションをとるための英語能力を測る試験です。

　世界160か国で実施されているため、TOEICの点数は自分の英語力を示す世界共通の指標ともいえるでしょう。

　一般には、"TOEIC® Listening & Reading Test"（990点満点）が最もよく利用されていますが、実はほかにもたくさん種類があります。

　力試しに受ける場合は、自分が測りたい能力に応じて受

TOEIC® の種類

TOEIC®Tests	日常生活やグローバルビジネスにおける英語の力を測定するテスト
TOEIC®Listening & Reading Test	聞く・読む力を測る
TOEIC®Speaking & Writing Tests	話す・書く力を測る
TOEIC® Speaking Test	話す力のみ測る
TOEIC Bridge®Listening& Reading、TOEIC Bridge® Speaking & Writing Tests	英語学習初級者から中級者を対象とした、日常生活における英語の力を測定するテスト

験するものを選ぶのもよいかもしれません。

　本書では、一般に就職活動や進学で用いられる TOEIC® Listening & Reading Test を想定して解説していきます。

——TOEIC®スコアの目安

　TOEIC® Listening & Reading Test は、990点を満点として構成されています。

合格や不合格はなく、点数に応じて自分の能力を把握できるようになっているのです。

　それでは、いったいどれくらいの点数をとればいいのでしょうか。

　企業や大学院入試など、応募先で明示されていることもありますが、ここではTOEICが公開している点数の目安を紹介します。

　もう耳にタコかもしれませんが、本書は、「ネイティブとコミュニケーションがとれるかどうか」を問題にしていません。

　まずは、みなさんが進学や就職などで必要とするスコアが取れればいいのです。

　例年のTOEICの平均点は611点前後です。多くの上場企業が一般社員に求める点数が600点であることを踏まえると、とりあえずここを一つの目安にするのもいいかもしれません。700点以上取得できれば、履歴書などで十分に英語力をアピールできるといえるでしょう。

　TOEICの試験は、毎月1～2回、全国各地の試験会場で実施されています。公式ウェブサイトから受験申込ができます。受験料は、税込み7,810円（2023年9月現在）。受験

TOEIC® が公開している点数の目安

TOEIC スコア	評価
860以上	Non-Native として十分なコミュニケーションができる
730〜860	どんな状況でも適切なコミュニケーションができる素地を備えている
470〜730	日常生活のニーズを充足し、限定された範囲内では業務上のコミュニケーションができる
220〜470	通常会話で最低限のコミュニケーションができる
220以下	コミュニケーションができるまでに至っていない

料は一度納入すると返金されないため、日程をよく確認して申し込みましょう。

——TOEIC®の問題構成

　試験勉強の第一歩は、試験の特徴を把握することです。TOEICでは、約2時間の試験時間の中でリーディングと

TOEIC® 試験問題の構成と時間の配分

1. 写真描写問題（6問）	リスニング問題 約45分 100問
2. 応答問題（25問）	
3. 会話問題（39問）	
4. 説明文問題（30問）	
5. 短文穴埋め問題（30問）	リーディング問題 約75分 100問
6. 長文穴埋め問題（16問）	
7. 長文読解問題（54問）	

リスニングを合わせて200問が出題されます。

　マークシート方式となっており、問題文も含めてすべて英文のみで書かれています。試験問題の構成と時間の配分は上記のようになっています。

　問題の構成が大まかに把握できたところで、それぞれの問題の特徴と攻略法について見ていきましょう。

──リスニング問題の対策

　リスニング問題の最大の難点は、**どの問題も1回しか放送されないこと**です。

　そのため、問題の内容をあらかじめ把握し、集中して放送を聞き取れるように準備しておくことが重要となります。

❶写真描写問題（時間：約4分30秒）

　1枚の写真について最も適切に描写している選択肢をA〜Dから1つ選ぶ形式です。

　まず、問題文に表示されている写真を読み取るときのポイントですが、問題では、人物の動作や特徴、物の位置関係が主に問われるため、以下のことを念頭に写真を見るといいでしょう。

▶ **Point**
・人物だけでなく、周囲の状況にも注意
・複数の人物が写真に写っている場合、共通の動作や個々の動作の両方に注意

次に、実際に音声を聞き取るときのポイントですが、単語より、文全体の意味を把握することが正解につながるため、普段から練習が欠かせません。

▶ **Point**

・写真にない名詞が流れた選択肢はひっかけの可能性が高い
・受け身の文が正解になることがよくある

❷応答問題（時間：8分）

　音声を聞いて、1つの質問に対して最も適切な応答をA〜Cから選ぶ形式です。

　この問題の鍵は、選択肢を吟味することです。以下のようなことを念頭に選択肢を選びましょう。

▶ **Point**

・Yes/Noの直接的な応答ではない選択肢が正解の場合がある
・質問に対して、質問で返したり答えがわからないことを示唆したりする文、感想、意見を答える文が正

解になりやすい

（例）

Is Mr. Brown coming to the office today?

a. Yes, he's leaving here in 3 minutes.

b. No, he likes to stay at the office.

c. Grace told me so.

正解：c

解説：**ブラウンさんは今日会社に来ますか？**

a. はい、彼は3分後にここを去ります。

b. いいえ、彼は会社にいることが好きです。

c. グレースが私にそう言いました。

❸**会話問題**（時間：18分）

2〜3人の会話を聞いて、3つの質問に対する適切な選択肢をA〜Dから選ぶ形式です。

ここでは、オフィスや電話などでの会話から、その会話の目的や、時間・金額・人物の行動など会話の内容が問われます。

さらに、図表を読み取る問題も出題されます。リスニン

第**4**章 TOEIC®・TOEFL®・英検® 三大英語試験の対策

グが続いて疲れる時間帯ですが、音声を聞き取る上でのポイントを紹介します。

> **Point**
> ・言い換え表現が正解になりやすい（「worry → concern」「imply → mean」「performance → achievement」など）
> ・1人目の最初の発言に注意（1問目のヒントが隠れている場合が多い）
> ・会話の流れやキーワードを聞き取る

❹説明文問題（時間：15分）

1人の話を聞いて、3つの質問に対して適切な選択肢をA〜Dから選ぶ形式です。

アナウンスや留守番電話、講義やガイドのスピーチ、ラジオ放送が出題されます。

音声が比較的長くて単調なので、放送の場面を把握して音声を聞き取ることが大切です。

> **Point**
> ・話の流れをつかむこと。テーマの導入は序盤、過去

の行動は中盤、未来の行動は後半にある場合が多い
・選択肢は言い換え表現になっていることが多いため、
選択肢の単語に惑わされない

——リーディング問題の対策

リーディングでは、文章を読んですばやく解答するスピードが重要になります。ここでは、リーディングの各セクションにおけるポイントを紹介します。

❶短文穴埋め問題（目標時間：5～7分）

短文の空所に入る適切な語句をA～Dから選ぶ形式です。

この問題では、単語や文法が問われます。なるべく短時間で解きたいところですが、焦って速く解きすぎてミスが発生しないようにしましょう。

以下のような問題がよく出題されるので、復習しておくといいですね。

【Ifの省略による倒置構文】

Ex. If you should do this assignment by tomorrow morning, ask me any time.

→Should you do this assignment by tomorrow morning, ask me any time.

【要求・提案・必要を表す文のthat節におけるshould の省略】

Ex. We require that everyone in this school attend this conference.

・時や条件を表す副詞節の時制

❷長文穴埋め問題（目標時間：7〜9分）

　文章にある4つの空所に当てはまる適切な語句や文をA〜Dから選ぶ形式です。

　ここでは、主にパンフレットやメール、記事が問題文に使用されます。文脈を正確に把握することが大切です。

◀ Point ▶

・代名詞、接続詞、つなぎ言葉がヒント

・動詞は、数や時制に注意して選択

❸長文読解問題 (目標時間：50〜55分)

1つの文章（シングルパッセージ）、または複数の文章（ダブルパッセージ・トリプルパッセージ）を読み、2〜5問の質問に対してそれぞれ適切な選択肢をA〜Dから選ぶ形式です。

こちらの問題も、記事やパンフレット、広告、テキスト、メールが題材として使用されます。

以下のことを意識して解いていきましょう。

◀ **Point** ▶

・文章を読む前に問題に目を通す（選択肢まで確認する
　必要はない）
・文挿入問題は、本文を読み始める前に挿入文を読ん
　でおく
・文章を各挿入候補箇所に入れてみて文脈を確認
・代名詞やつなぎ言葉をヒントにする
・複数の文章を読み解く問題は、ひっかけ問題が多い
・人数や割引など、文章の欄外に書いてある情報にも
　注意

TOEFL®の概要と対策

TOEFL®とは、どんな試験なのか?

　TOEFL は、"Test of English As a Foreign Language" の頭文字をとっており、すなわち英語を母語としない人々のために設計された試験です。大学・大学院などのアカデミックな場面における英語運用能力を測ることを目的としており、世界的に広く活用されています。

　TOEFL には、TOEFL iBT（インターネット版）と TOEFL ITP（団体向け）などの種類がありますが、本書では留学や就職において正規で使える TOEFL iBT の対策について解説をしていきます。

TOEFL®の問題構成

　構成は、リーディング、リスニング、スピーキング、ライティングの4技能に分かれており、それぞれ30点満点、総合スコアは120点が満点となっています。

　各分野の大まかな内容は以下の通りです。

　2023年7月に、問題数と時間、ライティングセクション

の一部の形式が変更になりましたが、大まかな対策法は、これまでの形式と変わりません。

リーディング	・長文の数：2つ ・分量：各約700語・小問約10問 ・テーマ：教養科目（自然科学・社会科学など）
リスニング	・講義形式 3題 ・対話形式 2題
スピーキング	・Independent task 1問 ・Integrated tasks（リーディング・リスニング複合型）3問
ライティング	・Academic Discussion task 1問 ・Integrated task（リーディング・リスニング複合型）1問

第4章
TOEIC® ・TOEFL® ・英検®
三大英語試験の対策

また、スコアに関しても、TOEFLの採点方法は、１問〇点という配点がほとんど設定されておらず、謎に包まれている部分があります。

　リーディングとリスニングの採点は、基本的にコンピュータで行われるので、試験直後におよその得点を開示してくれる場合があります。ライティングやスピーキングは、採点者がいますが、明確な採点基準は公表されていません。

　TOEFLの試験日は、年間50日ほど各会場で週末に設定されています。受験日程を確定させるためには、ETSのウェブサイトにサインインしてから、会場・日程を選択しましょう。会場・試験日は6か月先まで選択することができます。近年は新型コロナウイルスの影響により、自宅受験の制度もできました。

　受験料は、基本的にUS$245ですが、試験から2〜6日前の申込の場合、受験料はUS$285 となります。また、試験会場や日程を変更する場合、US$60の追加料金が発生したり、キャンセルする場合は受験料の50％がキャンセル料として発生したりしてしまうので、注意が必要です。詳細はその都度公式サイトで確認しましょう。

──リーディングセクションの対策

　リーディングセクションで出題される長文は、英語圏の大学レベルで使用する教材を想定した700語前後の文章です。分量も多く、難易度も高い文章をはじめから丁寧に読んでいては、時間が確実に足りなくなってしまいます。

　そこで、問題を解き始める前に、以下の文章だけ目を通しましょう。

・第1段落の最初と最後の文
・各段落の最初の文（topic sentence）
・最後の段落の最初と最後の文

　この読み方には、時間節約に加えて、大きなメリットが2つあります。

　まずは、最初の文（topic sentence）を読んでおくことで、各段落にどのような内容が書かれているのか推測することができ、問題を解く際にどの段落から答えを見つければよいのか把握しやすくなります。

さらに、各文章の最後に出題される要約問題が格段に解きやすくなります。

　上に挙げた文は、文章全体の要点を示しているものです。すなわち、**要約問題の正解は、必ずこれらの文の中にある**のです。

　以下では、各文章で課される主な問題の種類ごとの攻略法に触れていきます。

語彙問題

　語彙問題は、通常各文章1問ずつ出題されます。語彙問題のポイントは、文脈から意味を読み取ることです。

　辞書的な意味よりも、その文脈に合った意味を選択する必要があるのです。

　それでは、どのように文脈から意味を読み取ればいいのでしょうか。

　ポイントは**言い換え表現**です。特に、問われている単語が入っている段落の中に、言い換え表現がないか探してみましょう。第2章でも述べた通り、言い換えがポイントになる問題は多いのです。

文の挿入

文の挿入も、必ずと言っていいほど出題される常套問題です。問題では、ある段落で欠けている1文が表示されており、その段落内のどこに挿入すべきか解答しなければなりません。

文の挿入において、**注目すべきポイントは文の役割**です。

種類	位置	文・文頭の例
主題の提示	段落の一番最初	その段落で取り扱われているテーマが提示されている
情報の追加	主題について説明している文の前後	In addition,.../Moreover,.../Also,.../Further,.../Likewise,.../As well as,.../Besides,...
例示	一般的・抽象的な文のあと	For example,.../For instance,../Particularly,.../Specifically,...
対比	対照的な内容が書かれた文の前後	On the other hand,.../On the contrary,.../Whereas/However,.../ In contrast,.../Yet,.../Nevertheless,.../ Instead,.../Meanwhile,.../Still,...
結論	段落の最後	段落全体の内容を簡潔にまとめている

ここでは、TOEFLの文の役割の中で主なものを5つ挙げました。

　TOEFLにおける文の挿入で出される文は、基本的に上記のいずれかに当てはまります。

　文の役割を見極めることができれば、段落内のどこでその文の役割が発揮されるのかが見えてくるため、正答率が上がるのです。

内容の読解

　リーディング問題の大半は、内容の読解になります。読解問題は大きく2種類に分けることができます。こちらに関しては、第2章のリーディングを参考に、基本的な対策を確実に行うことが大切です。

要約問題

　各文章の最後には、要約問題が出題されます。

　選択肢の中から、文章の "main idea" を表す文章を選ぶ問題です。

　ここで役に立つのが、先述した topic sentence です。

　選択肢の中には「文章には確かに書いてある内容である

が、文章の主旨とは言えないもの」があります。要約問題
では、topic sentence の内容に当てはまる選択肢を選ぶこと
が鍵となります。

──リスニングセクションの対策

　TOEFL リスニングの肝は、なんといっても**メモの取り
方**です。

　メモを取っていると音声の内容を聞き漏らしてしまうた
め、メモを取るより音声を聞き取ることに集中したいとい
う人もいるかもしれません。

　しかし、メモを取らないことには、大きな落とし穴があ
ります。TOEFLのリスニング問題は、英語圏の大学の授
業や学校生活などを想定したものであり、音声の内容も盛
りだくさんです。

　特に、講義形式のものは、大学の授業でノートを取るこ
とを想定しています。集中して音声を聞いていても、**内容
をすべて記憶しておくことはほとんど不可能に近い**のです。

　それでは、どうすれば効率的にわかりやすいメモを取れ
るのでしょうか。ここでは、メモの取り方のコツをいくつ

か紹介します。

❶英語でメモを取る

　特に講義形式の問題は、聞き取れたものはすべて書きとることが大切です。

　その際、最大のポイントは、できる限りすべて英語でメモを取るようにすることです。

　脳内で英語から日本語に変換することによる時間のロスもなくせるため、メモを取るスピードも上がります。

　また、問題を解く上で、正解を見つけやすくなります。英単語を書き取る際には、正しいスペルで書けるに越したことはないですが、それは重要ではありません。

　言ってしまえば、**自分さえわかればいい**のです。そのため、正しく書くことよりも、自分がわかるように短縮して書いたり、イラストなどを活用したり工夫してみましょう。

❷対話文の問題はページを分割

　対話形式の音声は、女性の声と男性の声が交互に流れるようになっています。対話形式の問題のメモでは、まず用紙を2分割しましょう。

　そして、片側に "female/woman/girl"（女性）、もう片側に "male/man/boy"（男性）などと記しておきます。

　音声が流れて来たら、女性の話した内容は女性側の行に、男性の話した内容は男性側の行に、ジグザグに記していきます。こうすることで、あとから誰がなにを話したのかを把握しやすくなります。

❸とにかく練習！

　しかし、やはりメモを取りながら音声を聞き取ることは、簡単なことではありません。

　効果的なメモを取るためには、普段からの練習が大切です。普段の勉強の中で、10分でもいいのでYouTubeやPodcastなどを聞きながらメモを取る練習を取り入れてみましょう。

──スピーキングセクションの対策

　スピーキングの問題は、最初の問題を除いてリスニングとリーディングとの複合問題になります。

　特に音声が流れる問題では、リスニングのときと同様、

必ずメモを取るようにしましょう。

　また、次に説明するライティングセクションとは異なり、最初に表示される文章は、基本的に再び表示されないため、文章の内容も簡単にメモを取っておくことが必要です。

◀ Personal Choice ▶

❶流れ

　ここでは、一つのテーマについて異なる立場が提示されて、自分の意見について述べることが求められます。Personal Choice の問題には、大きく2つのタイプがあり、下ではそれぞれのタイプごとにテンプレをまとめています。

❷テンプレ

賛成・反対編（自分の立場を示して意見を述べる）

・自分の立場を明確にする

　I agree/disagree with the idea. など

・理由を述べる

　First, +example

　Second, +another example

利点・欠点編（ある物事に対して利点・欠点を説明する）

・イントロ

 There are both positive and negative sides of....

・利点

 The advantage is...

・欠点

 However, one of the main disadvantages is...

・自分の意見

 I believe/think it is better to...

◢ キャンパスの告知・放送

❶流れ

　ここでは、はじめに約45秒で100語ほどの短いキャンパス内の変化に関する告知を読み、その後、その告知に関して話し合っている2人の学生の話を聞きます。

　通常、学生の1人がその告知に反対または賛成する理由を2つ述べます。音声が流れたあと、30秒の準備時間が与えられ、1分以内に学生が話している内容を要約して話します。

❷テンプレ

・告知に記された変化について1文で説明

  According to the article/announcement/letter...

・文章に示されている変化の理由2つ

・音声の内容（学生の意見）を要約

  There are two reasons why the man opposes/supports it.

・反対意見の理由①

・反対意見の理由②

講義①

❶流れ

　この課題では、はじめに100語ほどの短い文章を約45〜60秒で読み、そのあとに文章に関する講義の一部が流れます。その後、30秒の準備時間が与えられ、流れた講義の内容を60秒以内に要約します。

❷テンプレ

・テーマの説明（0〜10秒）

  The article discusses/tells us about...

・文章の内容の要約（10〜13秒）

The passage says that...

・講義で流れた例の内容（13〜50秒）

The professor gives an example...

: First, s/he mentions...

: Secondly, s/he states...

・結論（50〜60秒）

Therefore, these examples show that...

講義②

❶流れ

ここでは、はじめに1分半〜2分間ほど大学講義の音声が流れ、その後20秒の準備時間が与えられ、講義の内容を60秒以内に要約します。

講義の内容は、教授がはじめに講義のテーマを提示し、それについて例などを挙げて詳しく説明していきます。要約する際には、これらの例を必ず交えて説明する必要があるので、しっかりメモを取るようにしましょう。

❷テンプレ

・テーマの概要（0〜10秒）

The lecture is about...

・例の説明

例1：（10〜35 秒）First, the professor mentions that... For example,...

例2：（35〜60秒）Secondly, s/he says that... For instance,...

──ライティングセクションの対策

ライティングでは、リーディングとリスニングとの複合問題と、自分の意見などを述べる典型的なライティング問題の2つが出題されます。

基本的な構成は、日本語の作文と同様に序論・本論・結論のかたちにのっとります。

注意すべきは、本論の各段落の最初の文章です。いわゆる topic sentence にあたる文章であり、各段落の主題・結論を書きます。いわゆる「結論ファースト」ですね。

◀ Integrated task ▶

❶特徴・流れ

Integrated task では、文章と音声の内容を要約します。

　まず、短い文章が画面に約3分間表示されます。文章は、作文する際にまた表示されるため、熟読したりメモを取ったりする必要はありませんが、何のテーマが扱われるか把握しておきましょう。

　その後、講義形式の音声が流れます。通常、音声の内容は、文章の内容に反論するようなものとなっています。音声が流れている間は、できるかぎり詳細にメモを取るようにしましょう。

　その後、再び文章が画面に表示され、20分以内に文章と音声の内容を要約します。要約を書く上で、とりうる本論の構成は2種類あり、次のセクションで詳しく説明します。

❷構成

　この問題は、2パターンの構成がとりえます。自分の書きやすい構成にのっとって書いていきましょう。

◀パターン1▶

　1つ目は、論点ごとに段落を分ける構成です。

　画面に表示されている文章を参考に、論点ごとに段落を

分けていきます。各段落では、最初にその論点に関する文章の内容を要約し、それに続いて音声の内容が文章の内容にどう反論しているかをまとめます。

序論	Both the passage and the lecture discuss...（テーマ）.
本論	① First, according to the reading passage, the theory is valid because（理由1）. However, the lecturer says that...（理由1が間違っている理由） ② Second, the text notes that...（理由2）. On the contrary, the lecturer suggests that...（理由2が間違っている理由）. ③ Third, the text suggests that …（理由3）. However, in the lecture...（理由3が間違っている理由）.
結論	In conclusion, the listening passage casts doubts on the article for several reasons.

◀ パターン2 ▶

　2つ目の構成は、本論の1つ目の段落で文章の内容を要約します。そして、本論2つ目の段落で音声の内容を要約します。文章と音声の内容を、それぞれ段落を分けて要約するのです。

序論	Both the passage and the lecture discuss... (テーマ).
本論	① First, According to the reading passage, the theory is valid. First, it mentions that... (理由 1). Second, it states that... (理由 2). Finally, it suggests that... (理由 3). ② On the contrary, the lecturer suggests that... (対抗する理由 2). ② However, the lecture disagree with the argument made in the reading passage. First,... (理由 1 が間違っている理由). Second,... (理由 2 が間違っている理由). Third,... (理由3が間違っている理由).
結論	In conclusion, the listening passage casts doubts on the article for several reasons.

◀ Academic Discussion task ▶

　2023年7月から始まった新形式の問題です。画面に表示される教授の質問と、それに対する他の生徒の回答を読み、自分の意見を100語以上で答える形になっています。

　自分の考えを明確にまとめる力が求められるのはこれまでと同様なので、基本的な書き方は、第2章のライティングの項を参考にしてください。ETSの公式サイトに、問題のショート解説動画が掲載されていますので、対応できるように確認しておきましょう。

英検®の概要と対策

英検は、英語能力を測るための資格試験であり、日本英語検定協会が実施しています。

合格すると、英語の能力を証明する公的な資格を取得することができ、学校や就職活動、仕事などで活用することができます。

また、英検は日本国内だけでなく、世界各国の教育機関で海外留学時の語学力証明資格に認定されており、留学などの場面でも利用できます。英検は、半永久的な資格ですが、入試利用などの場合は2年以内といった制限が課されることがあります。

実は、英検には以下のようにさまざまな種類があります。自分の目的やライフスタイルに合わせて受験するものを選ぶといいでしょう。

——英検®の種類とスコア

「英検CSEスコア」とは、ユニバーサルなスコア尺度CSE（Common Scale for English）を英検の各級で表記したものです。「英検CSEスコア」で英語力を客観的に評価することができます。

どの級でも共通したスコア表示のため、今の英語力や伸長度が一目でわかる上、CEFRにも対応しているので、世界基準での自分の実力がわかります。ちなみにCEFR（Common European Framework of Reference for Languages）とは、「ヨーロッパ言語共通参照枠」と呼ばれるもので、外国語の学習者、教授者及び評価者が、その熟達度を同一の基準で判断することができるように開発された枠組みです。

20年以上にわたる調査・研究に基づいて、2001年に欧州評議会（Council of Europe）によって公開されました。

CEFRでは、外国語の熟達度をA1、A2、B1、B2、C1、C2（C2が最高レベル）の6段階に分け、それぞれについて、その言語を使って「具体的に何ができるか」という形（Can-do表現）でわかりやすく示しています。

CEFRによる6段階は、英語だけではなく、多くの外国語能力の指標として、世界の国や地域で教育や仕事など多岐にわたる場面で活用されています。

◀ **英検**（実用英語技能検定）

最もよく知られている英語検定試験です。1級から5級まで、準2級・準1級も含めて7つの級があります（2025年

度より新設級が導入予定)。3級以上は一次試験と二次試験に分かれ、一次試験はリーディング・リスニング・ライティングの3技能の筆記試験を行い、一次試験の合格者は、二次試験のスピーキングの試験に進みます。

　また、4級・5級受験者も任意でスピーキングを受験することができます。試験内容は、身の回りの日常会話や社会的な題材など、実際に英語を使用する場面を想定した問題が出題されます。

英検S−CBT

　コンピュータで受験する試験形態で、従来型の英検と同等の級・資格・英検CSE取得が可能なものです。こちらの試験は、3級から準1級までの試験に対応しています。原則、毎週土日に実施されており(一部エリアでは平日も実施)、1日で受験が完了するので、柔軟に試験日程を決めることができます。また、検定期間内に同一級を2回まで、英検(従来型)と合わせて3回まで受験することができるため、受験機会を増やしたい人にもぴったりです。

　他にも、主に学校で実施される英検IBA・英検プレテス

トや、従来型の英検受験が難しい障がいのある人のための
英検 S-Interview、児童向けの英検 Jr など、さまざまな種類
が存在します。

──英検の問題構成

　英検は、リーディング・リスニング・ライティング・ス
ピーキングの4技能を評価するテストですが、試験時間や
問題数は級によって異なります。

　また、合格基準も級によって異なりますが、一般的には
6〜7割程度で合格とされています。各級の構成・合格基
準は、英検の公式サイトに掲載されているので、あらかじ
め確認しておきましょう。

　第1章で述べたように、このうちライティングの比重は
とても高いです。

　一説によると、ライティングの1点が、リスニングやリ
ーディングの3点分くらいに換算できるとも言われており、
ライティングで点を落とさないようにすることはとても重
要だと言えます。ぜひ、第2章のライティングの対策を参
考に準備しておいてください。

英検は、5月下旬〜7月中旬実施の「第1回検定」、9月下旬〜11月下旬実施の「第2回検定」、翌年1月中旬〜3月上旬実施の「第3回検定」と、年度中合計3回の受験機会があります。

　一次試験から二次試験まで1か月前後あるため、両日程を確認しておく必要があります。

　受験費用は、級や種類によって異なるので、公式サイトを確認しましょう。団体受験のほうが安く済みますので、自分の所属している学校や団体で団体受験を実施していないか調べてみるといいでしょう。なお、準1級と1級は団体受験を行っていませんので、注意が必要です。

　団体受験の場合は、日本英語検定協会が認定した学校・塾・企業などの準会場で受験します。一方、個人受験の場合は、本会場で受験することになります。

　英検は、先述のとおり受験する級によって試験内容が異なるので、級に応じた対策が必要となります。本書では2級を例にして勉強のコツを紹介しますが、さらに上のレベルでも基本的な方針は同じです。

　2級では、高校卒業時までに習う文法が出題され、およ

210

そ5000語の語彙力が必要とされています。取り扱われるトピックとしては、テクノロジーや医療、文化、歴史など社会性のあるものが多いことが特徴です。2級までは大問の問題文は日本語です。

——リーディングの対策

◀ 短文空所補充 ▶

　全20問のうち、語彙・熟語の問題は約7問、文法問題が約3問出題されます。

　出題される単語の割合としては、動詞・名詞が一番多くて40%を占め、続いて形容詞・副詞の出題が多いです。

　熟語は、4分の1ほどの割合で出題され、動詞と名詞が多く出されます。文法問題については、高校で学習する重要構文が満遍なく問われるため、高校の文法をしっかり学習しておく必要があります。

　実際に、問題を解く際には、文法が問われているのか語彙力が問われているのか注意する必要があります。また、難易度が高くなると、知っている知識を駆使して消去法で解くのが効果的な可能性があります。

この問題では、文章中の空所に当てはまる適切な選択肢を選ばなければなりません。文法だけでなく文脈を理解する必要があるため、読解力も不可欠となります。接続詞や代名詞に着目して文章を読む練習を積んでおくといいでしょう。

長文読解

長文では、基本的にエッセイやEメールの文面が出題されます。Eメールの場合は、ヘッダーの発信者・宛先・日付・件名などの情報に目を通すようにしましょう。時間に対して分量が非常に多いので、必ずしも問題文をすべて読まなくとも、いかに主張などの大事な部分を問題文から見つけ出せるかが重要です。

——ライティングの対策

ライティングでは、「スーパーやレストランは廃棄される食べ物を減らすべきか」や「もっと多くのマンションがペットを飼うことを許可すべきかどうか」などの社会的ト

ピックが出題されます。採点は、下記4つの観点から行われます。

・内容：課題で求められる内容が含まれているか
・構成：英文の構成や流れがわかりやすく論理的であるか
・語彙：課題にふさわしい語彙を正しく使えているか
・文法：文構造にバリエーションがあり、それらを正しく使えているか

　問題文には、トピックのほかに解答を考えるよりどころが3つ示されています。それを参考にしてもよいですが、自分の意見がある場合には無理に使う必要はありません。

──リスニングの対策

　リスニング問題では、放送は一度ずつしか流れません。そのため、放送が流れる前に、選択肢に目を通しておく必要があります。ライティングが早く終わった場合は、問題文を先読みしながらマークしておくこともおすすめです。

また、各問題の放送の間は10秒ほどしか設けられていないため、その間にすばやく解答しなければなりません。第1部と第2部に分かれており、それぞれ特徴が異なります。

第1部

　会話文が放送され、最後にその会話文に関する質問が流れます。その答えを4つの選択肢から選びます。会話に登場する2人の関係性（A，B）は、友人や会社の同僚であることが最も多いですが、客と店員だったり家族だったりすることもあります。電話での会話や知らない人に道を尋ねるなどの場面が出題されることもあるので、放送の内容を注意深く聞いて、会話のシーンを正確に把握することが鍵となります。

第2部

　このセクションでは、短い文とそれに関する質問が流れます。第1部と同じく、4つの選択肢から正解を選びます。出題されるテーマは、ある人物のエピソードが最も多く半分以上を占めます。そのほかにも、アナウンスや社会

的・科学的トピックなどが読み上げられることもあるので、普段から触れておくといいかもしれません。

──スピーキングの対策

　本書ではあまり触れてきませんでしたが、スピーキングの試験があります。これは、面接官と対面で行われます。

　準1級までは、面接官と一対一ですが、面接官はネイティブスピーカーである場合もそうでない場合もあります。

　内容としては、自由会話・音読・受験者自身の意見が問われるものがあります。試験の形式としては、パッセージとイラストが書かれたカードが手渡され、そこに書かれた内容について質問に答えていきます。

　質問にはパターンがあるため、過去問や練習問題に触れて質問の型に慣れ、答えの引き出しを準備しておくことが重要です。また、英検の公式サイトでも二次試験の流れが確認できるので、必要に応じて利用してください。

東大生が自信をもっておすすめする！

英語試験に役立つ参考書

〈語彙力〉

『鉄緑会東大英単語熟語 鉄壁』

（鉄緑会英語科 著/ KADOKAWA）

単語のイメージや、同じ分野の言葉・イディオム・成り立ちなど、本当に覚えやすくなることばかりが書かれていて、かつテストも載っていて、最高の参考書だと思いました。すべての英語試験の時に使えるので、ぜひみなさんに試してもらいたいです。

基本的には、辞書的に使っていました。この参考書は厚みがあるので、参考書というよりは、辞書のようにわからない単語を引く形で使用していたんです。そして、よく出てくる単語にはチェックを入れて、定期的に見返すような勉強をしていました。（by 法学部卒）

『動詞を使いこなすための英和活用辞典』

（ジャン・マケーレブ＋マケーレブ恒子 編著／朝日出版社）

いわゆる「句動詞」の辞典で、網羅性は最強だと思います。辞典なので、たとえばcome で引くと、come apart はこんな意味、come down with はこんな意味、という風に書いてあります。動詞や前置詞／副詞のイメージを掴むのに非常に有効でした。暇な時に読んだり、気になる句動詞が見つかったら調べたりしました。語彙は上記の『鉄壁』と、この本の勉強だけで十分どうにかなりました。これで英検1級まで対応できました。

ちなみに、この本を自分に勧めてくれたのは当時、鉄緑会英語科の平沢慎也先生（認知言語学者）なのですが、彼の著書はどれも非常にわかりやすく面白いので英語学習者はぜひ一読することをおすすめします。『実例が語る前置詞』、『前置詞 by の意味を知っているとは何を知っていることなのか』、また『メンタル・コーパス』（以上、くろしお出版）も、言語を習得するということについて学べる良著でした！（by 法学部卒）

本書執筆陣が、東大受験や英検、TOEIC、TOEFL などの
様々な試験を受ける際に使ってきた頼もしい参考書たちを
一挙紹介！

『TOEIC TEST スーパーボキャブラリービルディング』
（植田一三 著／ベレ出版）

一般語彙、分野別語彙の網羅的な内容はもちろん、
コロケーションの部分の充実ぶりが素晴らしいで
す！ マスターしたら、本当に TOEIC で満点が
取れると思います！

覚えていないものにチェックを入れながら、何周
も繰り返しました。この他にも、同じ植田一三氏
が出しているベレ出版の『スーパーレベル パー
フェクト英文法』、『スーパーレベルライティン
グ』、『スーパーレベルリーディング』は内容が非常に充実していて、愛
用していました。　　　　　　　　　　　　　　　　　　（by 文学部卒）

『発信型英語10000語レベル スーパーボキャブラリービルディング』
（植田一三 著／ベレ出版）

TOEIC、TOEFL、英検 1 級、通訳ガイド試験、工
業英検、国連英検などあらゆる最難関の英語試験に
対応した、ボキャブラリーの本です。テスト問題や
クイズ形式の問題も充実しているので、とても使い
やすかったです。一般の語彙だけでなく、ビジネス
や日常のシーンから電気、機械、医療、物理、化学
まであらゆるジャンルの語彙を網羅。さらにアルフ
ァベット一つひとつの意味や音素（st ＝緊張、gl ＝
光など）ごとの意味や関連語を紹介するコラムもあって面白かったです。
筆者・植田一三氏の英語オタクっぷり（変態）がよくわかるコラムがあ
って、勉強に疲れた時に、勉強というより読み物として楽しんでいまし
た！　　　　　　　　　　　　　　　　　　　　　　　（by 文学部卒）

『でる順パス単』シリーズ
（旺文社 編／旺文社）

英検5級から1級まで級別に刊行されています。英検の前にはとにかくこれを実践していました。だいたい8割くらい覚えられれば、リーディングでも8割くらいの点数が取れるのではないかと思います！　試験日前の1ヶ月は、毎日見ていました。1時間くらいで、バーッと自分のできていないところを復習する勉強をしていましたね。そのおかげで、リーディングは大体点数が取れるようになったように感じます！

（by 経済学部4年）

文法

『英文法ファイナル問題集 難関大学編』
（瓜生豊・篠田重晃 編著／桐原書店）

大学受験の前に使用しました。間違えた問題の番号に対応した弱点発見シートをチェックすることで、文法単元別に自分の弱点が分かる優れものでした！　穴埋めや並べ替えなど、問題の形式がバラエティに富んでいるので総合的な力がつくと思います。

自分は、わりと文法が固まってきた段階で、通しで2周やりました！　間違えたところは重点的に復習することで、文法の穴が埋まりました。

赤（難関大学編）はかなりレベルが高いので、一般的には緑色の標準編をおすすめします。標準編でも基礎の確認には十分です。『VINTAGE』や『ネクステージ』をやった後に取り組むと、そこでどれくらい文法の知識がついているのか、という「本当の理解度」が測れると思います！

（by 教育学部3年）

『スーパーレベルパーフェクト英文法』
（植田一三 編著・上田敏子・長谷川幸男・山中敏彦 著／
ベレ出版）

上級者向けにもう一歩踏み込んだ一冊です。
『ロイヤル英文法』をはじめとする多くの英文
法の本のハイレベルバージョンで、初級〜中
級者向けの説明を省いている分、それぞれの
文法の概念や例文、問題が充実しています。
英作文で、「こう表現してもいいのかな？」と
思った時や、スピーキングで「こういう言い
方って間違いを含まないだろうか」と考えた
時に使っていました。メインで使うというよ
りも、勉強の参考にしていました。

（by 経済学部4年）

『前置詞マスター教本』
（石井隆之 著／ベレ出版）

一つひとつの前置詞について、用法ごとにイ
メージを図で表し、そこから意味と用法が網
羅的に説明されています。また、behind time
と behind the times の違いのように、紛らわし
い用法の区別であったり、多岐にわたる前置
詞の文法的役割もすべて記してあり、ほぼこ
れ1冊で本当に前置詞をマスターできるように
なります。
自分が間違いやすいものや、意味・用法を覚
えにくいものを網羅的に勉強することで、自
分の記憶に定着させられるようにしていまし
た。

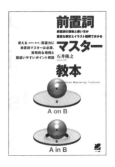

（by 文学部卒）

★ 特別付録 ★

リーディング

『英文解釈の技術100』

（杉野隆・桑原信淑 著／桐原書店）

構文がボロボロだという人におすすめの本です！ 基礎編から合わせると、英文を読むのに必要な構文スキルを考え方の部分から身につけることができると思います！ また、リーディングに限らず、ライティングでも「こんなふうに書けばいい文章になる」というのがわかって応用できるように感じます。

英検やTOEICの前に、1日1-3単元ずつ進めるように実践していました！ その際に、チャレンジ問題は次の日にやることで、技術の定着を図っていました。「できていなかったから定着していなかったんだな！」と。
そして、よく理解できなかった部分は1週間後にやり直すことを繰り返していました。これを実践しつつ、定期的に長文も読むことでより定着しました。　　　　　　　　　　　　　　　　　　　　（by 教育学部3年）

『発信型英語
スーパーレベル
リーディング』

（植田一三 著／ベレ出版）

日本人のリーディングの問題点分析から始まり、リーディングのために必要な自然科学や人文科学・社会情勢の背景知識と語彙の紹介、間違いやすい構文別の和訳トレーニング、試験別（英検1級、IELTS、TOEFL、ケンブリッジ英検など）の対策法など、リーディング力を上げる対策が網羅的に詰まった一冊です。

英語の勉強はもちろんのこと、英文の前提知識が足りないと思った時に、背景となるような知識を習得する勉強のために読んでいました。

（by 文学部4年）

『基礎英作文問題精講』
（竹岡広信 著／旺文社）

自由英作文の対策として購入して実践しました。型が豊富に載っていて、どう書けばいいのか全然わからなかった自分が救われた一冊です！ みなさんの中でも「英作文がとにかく書けない！ という人は買ってみてはいかがでしょうか。自分は TOEIC・TOEFL の前には毎日1時間くらい実践していました。他の人に採点をお願いしつつ実践することで、効果が大きくなると感じました。それで失点が少なくなったように感じます。
（by 経済学部 4 年）

『発信型英語 スーパーレベル ライティング』
（植田一三 著／ベレ出版）

日本人のライティングの問題点の分析から始まり、試験別（英検 1 級、国連英検、TOEFL、ケンブリッジ英検など）のライティング問題対策法、類義語や多義語の使い分けトレーニング、論理的な文章の構成や表現の仕方、「英語らしい」表現を追求した構文や文法の説明など、間違いなくライティングの質が上がる良書だと思います。
周りに添削をしてもらえる人がいなかったので、この本の内容をベースに勉強していました。ただただアウトプットを繰り返すのではなく、書いてある表現をそのまま自分のライティングに取り入れたり、同じ発想ができるようにテストするなどして活用することで、ライティングのレベルを上げていました。
（by 文学部卒）

リスニング

『新 キムタツの 東大英語リスニング』シリーズ
（木村達哉 著／アルク）

解説が丁寧で、レベルも三段階あって、自分
のレベルに合わせて取り組みやすかったです。
また、アクシデントなどを想定したリスニン
グもできて、かなりクオリティの高い本でし
た。
センター試験の後に、リスニングの勉強をし
たいときに使っていました。ただ僕は一番下
のレベル（Basic）しかやってなくて、当時は
それが一番下のレベルだと知らなくて、「え、
東大簡単ジャン！」とか思っていましたが、
上のレベルの「無印」と「super」があるの

で、読者のみなさんは、最低でも「無印」はやっていただければと思い
ます。
（by 理学部 3 年）

スピーキング

YouTubeチャンネル 「"TEST success"」
https://www.youtube.com/channel/UCOjCSvAX3Yn9rIFwYDVxpjA

TOEFL iBT のスピーキングは独特なので、練習をつむために YouTube
にあるスピーキングのサンプル問題を利用していました。リスニング・
リーディングとの融合問題もあるので、それらを本番と同じ時間設定で
練習できるのがよかったです！
YouTube チャンネルのページを開いて、スピーキングの動画を1日1本
再生して練習しました。話すときは、スマートフォンで自分の音声を録
音し、あとで振り返るようにしていました。

（by 公共政策大学院 1 年）

著者

東大カルペ・ディエム（トウダイカルペディエム）

2020年6月、西岡壱誠を代表として株式会社カルペ・ディエムを設立。西岡を中心に、家庭の事情で週3日バイトしながら合格した人や地方公立高校で東大模試1位になった人など、多くの「逆転合格」を果たした現役東大生が集い、日々教育業界の革新のために活動中。毎年200人以上の東大生を調査し、多くの画期的な勉強法を生み出している。そのほか「アカデミックマインド育成講座」と題した教育プログラムを中心に、全国20校以上でワークショップや講演会を実施。年間1000人以上の学生に勉強法を教えている。

監修者

西岡壱誠（にしおか・いっせい）

現役東大生。1996年生まれ。偏差値35から東大を目指すも、現役・一浪と、2年連続で不合格。特に英語は高校3年生時点では全国模試3/100で偏差値は26.9だった。崖っぷちの状況で開発した勉強法で特に苦手な英語を強化し、偏差値70、東大模試で全国4位になり、早稲田大学国際教養学部と東京大学文科2類に合格を果たす。そのノウハウを全国の学生や学校の教師たちに伝えるため、在学中の2020年に株式会社カルペ・ディエム（https://carpe-di-em.jp/）を設立、代表に就任。全国25の学校でワークショップを実施、高校生に思考法・勉強法を教えているほか、教師には指導法のコンサルティングを行っている。TOEFL iBT89点。英検準1級。

東大生が書いた

英語試験の攻略本

TOEIC®・TOEFL®・英検®を最短で突破する勉強法

2023年11月30日　第1刷発行

著者　　　東大カルペ・ディエム
監修　　　西岡壱誠
発行者　　佐藤　靖
発行所　　大和書房
　　　　　東京都文京区関口1-33-4
　　　　　電話03-3203-4511

監修者エージェント　アップルシード・エージェンシー
カバーデザイン　喜來詩織（エントツ）
本文デザイン＋DTP　滝澤博（デジカル）

本文印刷　光邦
カバー印刷　歩プロセス
製本所　小泉製本

©2023 CARPE DIEM, Printed in Japan
ISBN 978-4-479-79795-1
乱丁本・落丁本はお取り替えいたします。
http://www.daiwashobo.co.jp/